LES COMBATS D'UN PÈRE

ALAIN VASTINE

AVEC THIBAUT GEFFROTIN

sous la direction de Frédéric Veille

City
Témoignage

Photo de couverture : Lou Benoist
ISBN : 978-2-8246-2848-6
Code Hachette : 55 3441 0
Collection dirigée par Christian English et Frédéric Thibaud
Catalogues et manuscrits : city-editions.com

Dépôt légal : Février 2025

SOMMAIRE

Préface 5

1. Idées noires et solitude -
Mon quotidien, dix ans après 9

2. Les deux mois qui ont anéanti ma vie 29

3. Dans la poussière argentine,
sur les traces d'Alexis 59

4. Alexis et ses 9 amis 65

5. Mes enfants, nés pour être champions 81

6. Élevé à la dure 111

7. JO 2016 - L'ombre d'Alexis 117

8. Flashback - Le scandale de Pékin 121

9. Londres 2012, un second couteau
dans le dos d'Alexis 135

10. La descente aux enfers 145

11. Paris 2024 155

12. La boxe, mon seul refuge 163

13. Cuba, la bouffée d'oxygène 179

14. Conversation d'outre-tombe 185

Remerciements 191

PRÉFACE

Toute sa vie, il a pris des coups. Des coups de poing, des coups durs, des coups bas, des coups du sort.

La vie d'Alain Vastine a été marquée par la violence. La violence sociale lors de son enfance dans une Normandie ouvrière, la violence physique sur le ring, la violence professionnelle sur les chantiers, la violence morale lors des injustices subies par Alexis aux Jeux olympiques, enfin la violence la plus terrible : la perte de ses deux enfants dans d'effroyables circonstances.

Je connais la famille Vastine depuis 20 ans. J'ai suivi toute la carrière d'Alexis pour *Stade 2*, commenté toutes ses aventures et mésaventures olympiques. Je l'ai accompagné dans les bons comme dans les mauvais moments.

Lors de mon premier tournage sur la fratrie Vastine, je découvre Alain, le chef de clan, un solide gaillard qui me reçoit fraîchement. Il a le gabarit d'un joueur de rugby et il n'est pas de bonne humeur.

Il est encore échaudé par la sanction que vient de lui infliger la Fédération française de boxe : un an de suspension de ses fonctions d'entraîneur.

Son délit ? Alain Vastine a trafiqué la licence de sa fille Célie, trop jeune pour participer aux compétitions.

Pour lui faire plaisir et la mettre à l'épreuve, Alain change la date de naissance de Célie. Il la vieillit d'un an, ce qui lui permet de disputer ses premiers combats. Qu'elle remporte tous… en étant la plus jeune.

Alain se fiche des codes et du regard des autres. Il est déterminé à emmener ses enfants au plus haut niveau.

Ce jour de tournage, Alain met un point d'honneur à emmener ses quatre enfants boxeurs dans la salle des fêtes du village de Fourmetot. Il vient de se faire opérer de la jambe, sort tout juste de l'hôpital mais dirige l'entraînement d'une main de fer malgré les effets de l'anesthésie, son plâtre et ses béquilles.

En une demi-journée, je prends la mesure du personnage. Alain Vastine est un rural, un rustre avec les nerfs à fleur de peau, un généreux, un jusqu'au-boutiste qui dédie sa vie à la boxe et à ses enfants. La famille est unie, les enfants sont beaux, talentueux ; l'avenir leur appartient. C'est le temps des jours heureux.

Dix ans plus tard, Alain Vastine est un homme abîmé. Un homme brisé par le chagrin, par la douleur, par la colère et le sentiment d'injustice.

Le mauvais sort s'est acharné sur lui. Il a vécu la pire épreuve qu'un père de famille puisse subir : perdre un enfant. Et il l'a vécu deux fois.

Comment fait-on pour se relever d'une telle tragédie ?

Admirable de résilience, Alain Vastine continue à se battre. Sa vie est désormais un ascenseur émotionnel, et la boxe, qui fut son premier amour, est devenue un pansement qui apaise ses douleurs. Il sait qu'il ne guérira jamais de ses blessures mais il continue à se soigner, à trouver dans la boxe une forme de thérapie.

Il faut le voir enseigner la boxe aux enfants des rues à Cuba. Il faut le voir se battre pour récolter des fonds pour apporter un peu de confort aux enfants pauvres de Villa Castelli, en Argentine.

Il faut le voir se démener pour entretenir la tombe de ses enfants et honorer la mémoire d'Alexis jusqu'au fin fond de la pampa argentine. J'en ai été le témoin.

On ne peut avoir que de l'admiration pour un père comme ça.

Malgré les épreuves cet homme est toujours debout. Cet homme nous touche en plein cœur et nous prend aux tripes. Cet homme mérite qu'on le raconte.

Arnaud Romera

1

IDÉES NOIRES ET SOLITUDE - MON QUOTIDIEN, DIX ANS APRÈS

J'ai beaucoup voyagé depuis dix ans, mais je n'ai jamais quitté le plus grand pays du monde : la solitude.

Mon cœur bat toujours grâce à un procédé mécanique, mais il est anéanti depuis longtemps. J'ai soixante-cinq ans et vis dans une cabane en bois depuis que ma femme m'a abandonné à mes larmes. Célie et Alexis, mes champions, sont morts accidentellement en janvier et mars 2015. Ils avaient 21 et 28 ans. J'ai perdu deux enfants en deux mois. Aucune torture corporelle ne pourrait m'infliger une douleur comparable. Cela fait dix ans que le chagrin m'étouffe. Si le deuil a frappé toute la famille, j'ai l'impression d'être seul dans ma mélancolie. Sur mes cinq enfants, trois sont encore vivants. Ils m'ont donné des petits-enfants. La vie continue. Mais c'est au-dessus de mes forces. J'aimerais que mes enfants le comprennent. Rien n'est de leur faute. Les présences d'Adriani, Cindy et Cassie ne peuvent combler le manque de deux morceaux de ma chair sauvagement arrachés. Il faut être père pour en prendre conscience. C'est le sang. Depuis dix ans, j'ai souvent pensé à faire couler le mien. Ma famille est maudite.

Le soir, quand je rentre dans mon chalet normand de 20 m², je m'assois au bout de ma table. Seul. Sans personne de l'autre côté. Et j'attends. Que faire d'autre ? Quand l'électricité fonctionne, je regarde la télévision, sans but et sans passion. La solitude est une ennemie redoutable. J'ai vécu 42 ans avec la même femme. Avec des enfants à la maison. Et, du jour au lendemain, personne. C'est rude. Très rude.

Depuis une décennie, mon cerveau est en claustration.

Pour tuer le temps, je réfléchis à m'exploser la cervelle.

Des heures durant, je contemple une balle de carabine, une 22 long rifle, qui ne me quitte pas depuis près de dix ans. Je me dis qu'elle servira un jour. Même quand je vais bien, je ne veux pas m'en séparer. On dit souvent que les suicides sont héréditaires. J'ai un grand-père qui s'est donné la mort. Cela m'obsède, car un vieux copain m'avait raconté que son grand-père et son père s'étaient suicidés. Et lui aussi avait fini par passer à l'acte. « J'arrive à comprendre les gens qui se suicident », avait répondu Alexis à Ardisson, en 2014, quand celui-ci l'avait interrogé sur sa dépression et ses idées noires, après les Jeux olympiques de Londres qu'il avait quitté en pleurs suite à la tricherie des juges.

J'ai des passades. Parfois, ça s'évapore. Ce ne sont pas les dates anniversaires qui me rendent malheureux, c'est l'hébétude de ma vie quotidienne. Les six premières années ont été moins horribles à vivre, car Sylvie était à mes côtés.

Après 42 ans de vie quotidienne, je ne pouvais pas croire qu'elle m'abandonnerait comme un inconnu. Les premiers mois, j'ai naïvement cru à un malentendu. Je pensais qu'elle reviendrait. Elle n'est jamais rentrée. Et je sais qu'elle ne reviendra jamais. On se dit bonjour, on règle l'administratif, c'est tout. Comme je suis rancunier, on est devenus des étrangers. Après quatre décennies de vie commune, comment a-t-elle pu m'infliger cette souffrance supplémentaire ? Je veux bien accepter toutes les querelles du monde. Mais quitter le nid familial comme elle l'a fait ? C'est scandaleux. Elle me savait capable du pire, elle est partie quand même…

Un an avant notre divorce, elle avait fait le nécessaire pour que je sois interné en hôpital psychiatrique. Je vivais une période particulièrement sombre. Je m'étais rendu dans une boutique de chasse afin d'acheter une carabine. Le sort a voulu que le propriétaire connaisse mon aîné, Adriani. Prétextant d'aller chercher des munitions dans l'arrière-boutique, il a téléphoné à Adriani pour l'avertir de mon projet d'acquisition étonnant – je ne chasse pas. « Surtout, ne lui donne pas la carabine ! Il va se flinguer. » Moi, je ne comprenais pas pourquoi ce type refusait de me vendre cette arme.

Ce jour-là, j'aurais pressé la détente. *Clac clac.*

Adriani m'a sauvé la vie. Il l'avait déjà fait quelques semaines après la mort d'Alexis, en faisant disparaître la carabine familiale de la maison. Le jour où j'étais monté la chercher à l'étage, elle n'y était plus.

On n'en a jamais reparlé.

Je me souviens seulement de la phrase qu'il m'avait lâchée assez laconiquement :

— Papa, n'oublie pas que tu as d'autres enfants.

— Oui, mais vous êtes incapables de venir me voir.

Moi, je me sens seul. Indubitablement.

Je sais que mes enfants me reprochent de trop penser à Alexis et Célie.

Quand ils me lancent leurs reproches à la figure, j'ai la tentation de répondre : « Oui, je sais que j'ai encore d'autres enfants. Mais vous, n'oubliez pas non plus que vous avez un père. » Mais je n'ose pas. Il faut du courage et du verbe pour trouver les mots justes face à ses enfants. Je suis tellement écorché.

Je me sens abandonné par ma progéniture.

« Papa, oui, mais j'ai mon boulot ; papa, oui, mais j'ai mes enfants » : ça, je le comprends bien. Néanmoins, moi, j'ai beau avoir eu cinq enfants, j'ai rendu visite à ma mère chaque semaine durant toute sa vie. Elle avait besoin de moi. C'est mon éducation. Mes principes.

Mes idées suicidaires peuvent revenir à tout moment. Un coup de cafard, et hop, je veux partir. Une musique triste, les larmes montent, le sourire de Célie et les beaux yeux d'Alexis apparaissent dans ma mémoire. Dans la douleur de ces instants, je m'exploserais bien la cervelle si j'avais une carabine entre les mains. Mais, grâce ou à cause d'Adriani, ce n'est pas le cas. J'ai simplement cette balle dans ma voiture, cachée dans la boîte à gants. D'ailleurs, aujourd'hui, je ne parviens pas à la trouver. Est-ce que je l'ai rangée ailleurs ?

Est-ce qu'Adriani a profité d'une visite pour me la subtiliser ? Je perds la tête de chagrin.

En tout cas, c'est grâce à mon fils aîné que j'ai quitté l'hôpital psychiatrique. Après quinze jours d'enfer, alors que les médecins me shootaient de tranquillisants inutiles, il a signé une décharge pour me libérer.

J'en veux beaucoup à Sylvie qui m'a laissé végéter dans cet endroit. Je ne suis pas cinglé. Seulement, et désespérément, triste. Triste à en mourir.

Quand elle m'a quitté, j'étais déjà prêt à passer de l'autre côté. Je me disais : qu'est-ce qui me retient sur Terre ? Je n'ai plus rien, je vais rejoindre mes enfants. Je me suis aperçu que l'acte du suicide relevait du coup de tête. Cela ne peut pas être le fruit d'une longue réflexion. Je me sens capable de passer à l'acte. Mais si je ne le fais pas dans les dix secondes, ma raison me ramène toujours à la vie, et le doute m'empêche de presser la détente. Comme je suis croyant, je pense toujours à cette mise en garde des hommes d'Église : les suicidés n'entrent pas au Paradis avec les « bons ». Moi, si je me supprime, c'est pour rejoindre mes enfants. Alors je persévère et je patiente, en me rappelant que c'est mon destin d'homme de mourir un jour ou l'autre...

Ma fille a été tuée à Touques, près de Deauville. Je me rends régulièrement sur les lieux de son accident, et je fleuris sa tombe et celle de son frère, au moins deux fois par semaine. J'aurais adoré m'exiler en Argentine pour vivre avec l'âme d'Alexis, mais je me sens obligé de rester en Normandie. Ma place est à côté d'eux. Je dois entretenir leur tombe. Le monde est ainsi fait : la première année, tout le monde se pressait pour fleurir la sépulture. La deuxième année, un peu moins. La troisième, peau de chagrin. Et au fur et à mesure que les calendriers s'entassent dans les cuisines, les tombes noircissent, les fleurs sèchent et les morts sont oubliés. Je ne jette la pierre à personne. Je suis le premier coupable. Je fleuris avec bien plus d'assiduité la tombe de mes enfants que celle de mes parents. Les enfants, c'est notre sang, c'est encore plus viscéral. Un père ne devrait jamais voir son enfant mourir. Cela m'est arrivé deux fois.

Les drames successifs ont fait voler en éclats la famille. Alexis était l'élément rassembleur. Il avait même des comportements de chef de tribu, et n'hésitait pas à remettre untel ou untel à sa place. Aujourd'hui, en découvrant l'état du clan Vastine, il aurait du travail…

Je suis proche d'Adriani, même si je le vois peu, car il est très occupé par sa vie professionnelle. Il passe beaucoup de temps à Rouen. Ancien boxeur professionnel, il est devenu un spécialiste de l'extermination de frelons asiatiques. Avec son épouse, ils gagnent bien leur vie, je suis content pour eux.

Cindy vit à Limoges. Je ne la vois plus.

Cassie, la petite dernière, habite dans le coin, à Lieurey. Le contact n'est pas rompu, on se dira toujours bonjour, mais comme elle est proche de sa mère, on ne se voit guère. Les filles penchent toujours du côté de la maman. J'en souffre, mais sans ressentiment. Un jour, alors que je lui rendais visite, elle m'a dit qu'elle préférait être tranquille. J'ai compris le message. Je n'y vais plus. C'est douloureux, mais j'encaisse.

Mes filles ne me donnent pas de raison particulière à leur manque d'intérêt pour moi. Ce qui me fait mal, c'est qu'elles n'hésitent pas à me téléphoner si elles ont besoin d'un coup de main financier. Je ne comprendrai jamais les réflexions qu'elles m'adressent parfois. Du style : « Au lieu d'aider les Argentins du village où est mort Alexis, tu pourrais commencer par aider tes enfants, non ? » C'est Cassie qui m'a lancé cette froide sentence. J'ai explosé. « Tu te rends compte de ce que tu dis ? Ton mari travaille chez EDF, tu es secrétaire, vous gagnez au moins 5 000 euros à vous deux, et tu te compares à des gens qui n'ont rien ? Et toi, tu n'en as pas assez ? Mais, même si je t'en donnais, tu en voudrais encore plus. »

J'aime mes enfants. Tous mes enfants. Je leur donnerais monts et merveilles si j'étais milliardaire, mais ce n'est pas le cas. Je n'étais qu'un employé communal. J'ai vécu quarante ans avec un salaire de 1 400 euros, et ma retraite s'élève à 1 850 euros. Je ne m'en plains pas. Je vis seul, c'est largement suffisant.

On m'a souvent reproché de négliger mes trois autres enfants, ceux qui sont toujours vivants. Mais personne ne peut se mettre à ma place. Personne ne peut comprendre ce que l'on ressent quand on a deux enfants au cimetière.

Une fois le divorce prononcé avec Sylvie, nous avons été contraints de vendre la maison. J'aurais aimé la conserver, mais elle n'a pas voulu. Je n'avais pas les moyens de racheter sa part. Alors, comme je voulais vivre sur ma terre, j'ai conservé le petit cabanon que j'avais érigé en haut du jardin. La bicoque bleue ressemble plus à un abri de jardin qu'à un studio de boxeur retraité, mais c'est bien cette deuxième fonction qu'elle occupe désormais. C'est spartiate et minuscule. Je ne suis pas raccordé à l'électricité, car EDF réclame des mille et des cents pour tirer les câbles jusqu'en haut de la propriété. J'ai installé des panneaux solaires. Quand le soleil cogne, c'est Byzance. Quand le ciel est brumeux, mon horizon aussi, et je grelotte dans le chalet de pacotille. L'écran de la télévision reste sombre, et les yaourts n'ont plus besoin de réfrigérateur – tant mieux, car il n'est pas branché. Je ne prends jamais la peine de cuisiner. Tous les midis, je déjeune d'une bavette-frites dans la brasserie du centre-ville de Pont-Audemer, le Café de Paris, avec ma petite chienne. Saya a 2 ans. C'est un chien de la race Spitz. Je l'ai eu bébé. Elle est avec moi en permanence, et représente avec son épaisse fourrure mon principal rempart à l'isolement social. Alexis adorait les chiens. Il envisageait d'adopter un bouledogue anglais à son retour à Paris. Avant, dans sa chambre de l'Insep, il ne pouvait pas. Un chien, c'est comme une personne. Je suis avec elle tout le temps. Quand je pars à l'étranger, je m'ennuie d'elle. Je la laisse chez mon frère, à la ferme, elle court à droite, à gauche. Je sais qu'elle y est bien. Ce n'est pas mon premier chien. Quand les enfants étaient petits, on avait deux caniches. Saya est très mignonne. Elle m'apporte beaucoup de réconfort. Quand je suis au restaurant, elle mange la chantilly de ma crème glacée. Elle est la seule à ne jamais me reprocher d'être triste. Avec un chien, on a le droit à la maussaderie.

Même si je ne bois pas une goutte d'alcool, j'aime passer du temps dans les bars, justement pour passer le temps. Je suis assis à ma table. Seul. Calme. Je ne supporte pas quand un type aviné entreprend le jeu de la provocation. Quand ça arrive, je bombarde. Quelques marrons en pleine figure, et la soirée peut reprendre son cours, et mes pensées avec.

Ce qui me retient en vie, c'est le sport. La boxe.

Tous les matins, je me réveille à 7 heures pour une première séance de musculation, d'une heure et demie, à la fraîche. L'hiver, il fait encore nuit quand je soulève ma fonte. Dans le jardinet qui encadre mon chalet, j'ai installé du matériel afin de pouvoir suer tout seul, loin du monde. Quand je fais du sport, je n'ai pas besoin des hommes et des femmes : je suis entouré d'une cinquantaine de petites tortues, qui vivent paisiblement dans le carré de salades que j'ai planté. Elles sont mes seules amies.

Ce rituel me maintient en forme… et en vie. La discipline est le socle d'un quotidien sain et équilibré. À Pont-Audemer, j'ai des copains qui sont devenus alcooliques, mais je ne m'apitoie pas sur leur sort. S'ils se noient dans la boisson, c'est qu'ils l'ont choisi. Chacun est libre de se lever le matin et de marcher dans la rue en s'arrêtant au bistrot ou au gymnase. Moi, le sport m'a fait tenir. Si mon regard est abîmé par les épreuves, la sculpture de mes bras ne dit rien de mes soixante-cinq ans. Il faut savoir ce que l'on veut dans la vie. Jamais une cigarette, jamais une goutte d'alcool. Abstinence totale. Même quand Alexis a été médaillé olympique, tout mon entourage a sabré le champagne. Mais pourquoi du champagne ? Ne puis-je pas apprécier la performance de mon fils avec un verre de jus de fruits ? Tous les mecs qui se payaient ma tête parce que je refusais les apéritifs, aujourd'hui, sont des épaves bedonnantes. Mes muscles sont toujours saillants. Je sais que mon fils en serait fier. Je ne critique pas ceux qui boivent un coup de temps en temps. Je critique ceux qui sont violents à cause de l'alcool. Ceux qui tuent au volant à cause de l'alcool. Je critique mon père qui a battu ma mère. Je critique le chauffard ivre d'alcool et de bêtise qui a conduit ma fille à la mort.

L'après-midi, vers 15 h 30, je prends la direction de la salle de boxe, pour mon entraînement personnel. Du sac de frappe, des abdominaux. Parfois je varie et je prends mon vélo pour rouler quelques bornes, mais cela m'embête de laisser ma chienne seule à la maison. Puis, le soir, j'entraîne des boxeurs de Pont-Audemer, d'Évreux ou de Rouen. Sans la boxe, mon cerveau se serait émietté en symphonie avec mon cœur.

Dans mon cabanon, la boxe et mes enfants sont partout. Chaque centimètre carré d'espace est occupé par un cliché, une médaille, une coupe, un vestige de la gloire passée de la famille Vastine. J'ai fait fabriquer un immense portrait pour chaque membre du clan, avec le palmarès détaillé. Chaque tableau m'a coûté 380 euros. C'est hors de prix, mais à mes yeux, c'est plus important qu'un chauffage qui fonctionne. Cela me permet d'avoir mes enfants près de moi, nuit et jour, même si cette présence de papier comporte une part de douleur. C'est plus fort que moi. J'en ai besoin. Je me battrai toujours pour Alexis et pour Célie. Tant que je serai vivant, je promets que leur souvenir ne s'évaporera jamais. Petit à petit, je sais que cela disparaîtra, mais je m'en moque. Je continue. Sans moi, plus personne ne parlerait de la tragédie de *Dropped*, et plus personne n'évoquerait ni Alexis ni les autres.

Dans mon chalet de fortune, je n'ai rien à boire. Pas même de machine à café pour offrir une tasse à un éventuel visiteur. Tout ce qui compte, c'est ma vitrine, avec les souvenirs et les médailles de mes enfants. Des médailles mondiales, européennes, militaires, de jeux méditerranéens… Il manque simplement la médaille olympique d'Alexis, qui trône dans un musée. Chaque jour, pour tromper l'ennui et penser à mes chers enfants disparus, je les contemple. Je les caresse. J'ai également reconstitué la décoration de l'appartement d'Alexis, avec les avions miniatures qu'il avait exposés. Dans mes tiroirs, j'ai tous ses maillots de l'équipe de France, ainsi que les survêtements tricolores. Pour dire vrai, j'ai plus de tenues de boxe de mon fils que de vêtements pour m'habiller.

Alexis, Célie. Leur présence est là. Partout. Ce n'est pas évident à vivre. Mais ce serait pire d'engloutir leur souvenir dans des armoires fermées à double tour.

Je ne sais pas combien de temps je vivrai encore dans ce cabanon sordide. Si je gagne mon procès contre TF1, pour sa responsabilité dans la mort de mon fils, je m'achèterai une maison. Ça peut durer encore deux ou trois ans. Il va falloir que je tienne. Je m'organise. Je vais construire une petite véranda afin de grignoter une poignée de mètres carrés. Le plus embêtant, c'est l'absence d'électricité. Sinon, je suis en paix. Je n'ai presque pas de voisins, car ce sont des Parisiens qui ont racheté ma maison familiale. Ils viennent seulement de temps en temps, pour les week-ends ou les congés. Je veille toujours sur mon ancienne demeure, comme le gardien officieux de leur propriété. C'est calme. On n'entend jamais un bruit.

Je suis sur ma terre. Celle de mes enfants. J'ai mes repères.

Ma femme – ou plutôt mon ex-femme, même si ce terme ne me vient toujours pas naturellement cinq ans après notre divorce – ne comprend pas ça. En 42 ans de vie commune, on a connu des hauts et des bas. Quand je pense qu'elle a coupé les ponts du jour au lendemain sans préavis. Plus de son, plus d'image. Rien. Comme si je n'existais plus. Son attitude m'a déçu. Elle met la mort de nos enfants sur le dos de la boxe, alors que cela n'a rien à voir. Ce sont deux accidents. Et ils ne sont même pas décédés en se rendant à une compétition. La boxe n'a rien à voir avec les taux d'alcool et de cannabis dans le sang du type qui a propulsé ma fille dans le décor. Au contraire : si elle avait toujours pratiqué notre noble discipline, elle n'aurait pas suivi cet homme en plein milieu de la nuit pour rejoindre la débauche de Deauville. Elle serait rentrée sagement dans sa chambre, pour l'entraînement du lendemain.

Nous n'avons pas vécu le deuil de la même façon. Sylvie n'a jamais accepté mon besoin d'extérioriser ma peine. Elle est très renfermée. Son mal-être est intérieur. Je sais qu'elle souffre autant que moi, mais elle ne le dit pas. Jamais. Moi, j'ai besoin d'en parler. Chaque jour qui passe, je dois convoquer le souvenir de Célie et Alexis. L'inverse serait les tuer une seconde fois.

J'ai souvent tancé mon ex-femme pour sa non-participation à mes actions caritatives en Argentine. J'aurais aimé qu'elle soit à mes côtés, près de l'âme de notre fils. Quand elle me cingle « ça ne m'intéresse pas », je suis écœuré.

Dès qu'on parlait de Célie ou Alex, elle se lançait dans des jérémiades de reproches qui avaient pour thème mon éducation, trop dure, la boxe, etc. Elle criait qu'ils n'avaient pas vécu comme les autres enfants, et que cela avait causé leur perte.

À ses yeux, la boxe est la source de tous les maux. Cela a pourri nos rapports.

Un accident de voiture, un accident d'hélicoptère, ce n'est pas la boxe.

C'est vrai que j'étais très strict avec Célie et Alexis. Je voulais qu'ils réussissent. Ils étaient des sportifs de haut niveau. Il est important d'avoir une ligne droite, sévère. Leur maman ne l'admettait pas. Elle me demandait sans cesse de les laisser vivre comme les adolescents de leur âge.

La rancœur était trop forte.

Quand Sylvie m'a quitté, ma belle-famille s'est acharnée, comme un boxeur qui frappe encore après la décision de l'arbitre. Même si ma femme est sportive (marathonienne, handballeuse de haut niveau), elle est une exception dans sa famille. Mes beaux-parents détestaient le sport, alors on ne s'est jamais vraiment entendus. On n'a pas les mêmes valeurs. « Il était stupide, il ne pensait qu'à sa boxe », voilà le genre de commentaire que l'on m'a rapporté quand Sylvie est partie. Des années qu'ils attendaient notre divorce pour cracher leur venin.

Je vis sans rancune, mais qu'ils restent chez eux.

Je suis aussi brouillé avec certains de mes frères et sœurs. D'une façon générale, ceux qui ne font pas de sport ne comprennent pas mon caractère et mon état d'esprit.

Dans le cercle familial, personne ne m'a soutenu.

Seule la boxe m'a tenu éveillé.

D'ailleurs, je nourris un regret : aucun de mes petits-enfants n'est inscrit à la boxe. La tradition Vastine est rompue. J'aurais tellement aimé les entraîner. J'espérais qu'Adriani fasse perdurer la dynastie avec Andréas, mais je crois qu'il est réticent à cause de la dureté de notre discipline. Notre histoire laisse des traces.

Le plus grand de mes petits-enfants a déjà 19 ans. Enzo, le fils de Cindy, suit des études de commerce international aux États-Unis. Ça me dépasse… Lui, je ne le vois jamais. Son petit frère, Paolo, je le croise de temps à autre. Il a quinze ans. Qu'est-ce qu'il est grand ! Il est le seul à avoir tapé dans le sac, mais ce n'était pas un acharné. Moi, à son âge, je roulais trente kilomètres sur ma mobylette pour rejoindre Honfleur et m'entraîner. L'époque a changé. Le sport, désormais, c'est à la carte.

Les autres font du judo. Quand ils participent à une compétition, je m'efforce d'aller les encourager. C'est un bon sport, avec des valeurs.

J'ai cinq petits-enfants : Andréas (Adriani), Livia et Vittoria (Cassie), Enzo et Paolo (Cindy).

Les voir pratiquer un sport me rend heureux. C'est tellement important. J'ai toujours mes petites pièces pour les motiver. À chaque tournoi, je leur dis : « Si tu gagnes, je te donne vingt euros ! »

Paolo et Enzo sont les seuls à avoir connu Célie et Alexis, même s'ils étaient tout petits. Pour les autres, c'est flou. Ils disent que leur oncle et leur tante sont partis au ciel. Je ne crois pas qu'ils aient déjà vu les vidéos d'Alexis aux Jeux olympiques. Savent-ils seulement ce qu'il représentait à l'échelle du sport français ? Le temps passe et on est vite oublié. Parfois, je ferme les yeux et je me rends compte à quel point ma vie a défilé. Hier, j'avais vingt ans, j'étais à l'armée. Et me voilà seul dans mon cabanon. J'aimerais pouvoir tout changer. Si ma fille n'avait pas connu son chauffard. Si les juges n'avaient pas triché.

Je ne souhaite à personne ce qui nous est arrivé. Pas même à mon pire ennemi. Perdre deux enfants en deux mois. Dix ans plus tard, je vis toujours dans ce cauchemar, mais je ne me réveille jamais.

Dès que le soleil brille, l'électricité se remet en marche. Dans mon cœur, c'est définitivement débranché.

2

LES DEUX MOIS QUI ONT ANÉANTI MA VIE

Mon père, mes deux enfants, mon frère, puis ma mère, mon beau-père, ma belle-mère. Depuis dix ans, la salle de boxe est le seul endroit que je fréquente plus que les cimetières.

La famille Vastine est maudite.

Qu'avons-nous fait pour mériter cela ?

Au petit matin du 3 janvier 2015, ma fille Célie a été tuée dans un accident de voiture à Touques, près de Deauville, en Normandie. Cette nuit-là, elle avait suivi un délinquant qui n'y paraissait pas, écumant bars et boîtes. À l'issue de cette nuit de fête qui représentait le crépuscule de la vie de ma fille, le Pont-Audemérien de 22 ans a repris la route comme s'il n'avait pas 1,5 gramme d'alcool par litre de sang, comme s'il n'avait pas consommé de cannabis, comme si son permis de conduire ne lui avait pas été retiré trois mois plus tôt pour conduite sous l'effet de stupéfiants. À côté de lui, assise à la place du mort, ma petite fille, qui avait la vie devant elle. Une vitesse de 150 km/heure, une embardée dans un virage, la 206 qui percute une 207. Mais comment le destin, en pleine campagne à cinq heures du matin, a-t-il pu placer une voiture en sens inverse ? Célie est décédée instantanément. Elle était la petite dernière de la famille, née le 1er décembre 1993. Ce jour-là, j'avais couru pour ne pas manquer l'accouchement. 4,350 kg, à peine plus légère qu'Alexis. On produit de beaux bébés dans la famille Vastine. C'était le temps du bonheur.

À peine plus de deux mois après le décès de ma benjamine, l'intrusion d'Adriani en pleine nuit dans mon salon m'apprend la mort de mon fils, Alexis. Il était en Argentine pour participer à un jeu télévisé d'aventure de TF1. Accident d'hélicoptère.

L'annonce d'Adriani est l'uppercut le plus puissant de ma vie.

Ma première pensée : « Ce gamin n'a jamais eu de chance » puis : « Mais qu'est-ce qu'on a fait au Bon Dieu pour mériter tous ces malheurs ? Qui nous punit de la sorte et pourquoi ? Notre famille est maudite ! »

Il paraît que j'ai répété toute la nuit que notre famille était maudite. Je ne m'en souviens pas, mais c'est ce qu'ont rapporté mes filles.

Au jour de l'An 2015, j'avais cinq enfants.

Deux mois et demi plus tard, je n'en avais plus que trois.

Pourquoi Dieu s'est-il acharné sur la famille Vastine ?

Il m'est arrivé d'échanger avec d'autres parents dont le mauvais sort a gâché l'existence. C'est triste à dire, mais cela fait du bien de savoir qu'on n'est pas seul sur terre dans son incommensurable chagrin. Je me souviens de ce juge-arbitre international de boxe qui m'avait dit : « J'ai subi un malheur similaire au vôtre. En voiture avec mes deux fils, j'ai tourné le volant brusquement pour éviter une Vespa. Le premier est mort. Le second est paralysé, dans un état végétatif. » Il avait tenté de me remonter le moral, m'avait enjoint à ne pas baisser les bras.

Je ne pouvais pas l'imaginer à ce moment-là, mais la série noire avait commencé à la fin de l'année 2014. L'un de mes plus vieux copains, qu'on appelait « Dédé » Espinasse, était décédé. J'avais joué au rugby à Rodez avec lui. Je suis descendu dans l'Aveyron pour assister à son enterrement, et trois semaines plus tard, ma vie s'écroulait brique par brique.

En 2023, j'ai perdu un autre copain. Sa compagne m'en a voulu de ne pas m'être rendu à la cérémonie funéraire. J'ai présenté mes excuses : « Si tu savais comme j'en ai assez de voir des cercueils et des tombes. Marre, mais marre. » Ce mauvais film dure depuis dix ans. J'ai l'impression qu'il ne prendra fin qu'avec mon propre enterrement.

La mort, je la ressens. Je me souviens des dernières heures de mon frère. Alors qu'il crachait ses poumons d'une horrible toux, je lui avais soufflé : « “Bébert”, si tu vois mes enfants, tu les embrasseras pour moi. » « Ça va pas de dire, ça, Alain, t'es malade » avait tonné sa compagne, et je peux la comprendre. Le lendemain, Bébert est décédé à l'hôpital. Je l'avais senti. Ça ne s'explique pas.

De même, je ne sais pas si je trouverai les mots justes pour rendre compte du quart d'heure que j'ai passé à la morgue, en janvier 2015. Avoir rendez-vous avec sa fille à la morgue est l'une des expériences les plus inhumaines de la vie. Quand je l'ai regardée, j'ai ressenti physiquement son absence. Je sentais qu'elle n'était plus là. Un corps sans vie. L'existence achevée. Envolée. Je l'ai embrassée. Je l'ai serrée dans mes bras. Mais elle était déjà dans un autre monde. Je ne souhaite à personne de vivre cette macabre aventure. J'avais vu ma fille quelques heures avant sa mort. Elle sortait de la salle de bains. S'était changée. Puis, je l'avais croisée quand elle était sortie de la maison en tenue de soirée, vers 19 heures. C'est la dernière fois que j'ai vu ma fille vivante et je ne lui ai même pas parlé. Comme on avait souvent des frottements au sujet de sa vie nocturne, on évitait les discussions à dispute. Elle savait que j'étais contre l'alcool et les discothèques. En la regardant, je me liquéfiais : *Mais que va-t-elle encore faire ? Où va-t-elle ? Elle sort encore faire la fête…*

Le chauffard a écopé de trois ans de prison. Six mois plus tard, il était en liberté. Ma fille, elle, dort six pieds sous terre par sa faute. Ce n'est pas cher payé. Et le pire, dans cette histoire, c'est quand j'ai appris qu'il conduisait une voiture mise à disposition par ses parents. Prêter sa voiture à son enfant alors que son permis lui a été retiré pour usage de stupéfiants, imaginez-vous ? Ce couple est coupable d'inconscience. Au tribunal, j'étais assis en face du meurtrier de ma fille. J'étais encadré par deux policiers qui craignaient que je lui adresse un uppercut. Je n'ai pas une bonne réputation… Franchement, ce gamin me faisait pitié. Beaucoup de plaisantins inconséquents m'ont dit « moi, à ta place, je lui aurais mis la tête au carré. » Ceux qui m'ont dit ça sont des nuls. En le regardant dans les yeux, je me suis senti impuissant. Lui refaire le portrait, quel intérêt ? Ma fille est morte. Et même si je le tuais, ça changerait quoi ? Je fleurirais la tombe de mon enfant au cimetière avant de cracher sur la sienne. La vengeance n'épanche pas le chagrin des hommes. Celui qui doit le punir, c'est Dieu. La justice, en tout cas, il ne faut pas y compter. Après six mois de cabane, le délinquant a récidivé dans une autre région. « Oui, mais je n'étais pas le seul à être ivre, Célie aussi avait beaucoup bu. » C'est tout ce qu'il a dit pour sa défense, au tribunal. Le président de la cour a été outré : « La première différence, monsieur, c'est que vous conduisiez, et pas elle. La seconde, c'est que vous êtes vivant, et qu'elle est morte. » On a trouvé une bouteille de rhum vide dans la carcasse de la Peugeot.

Je me sens tellement mal vis-à-vis de Célie. Les regrets. Le remords. La sensation d'avoir été un mauvais père pour elle. Je ne l'ai pas assez câlinée. Je n'ai jamais été paternel. Et je ne l'ai pas suffisamment aidée financièrement. En conséquence du procès, j'ai touché 25 000 euros. Cet argent me brûlait les doigts. J'avais l'impression que Célie me jetait les billets du ciel, avec ce commentaire acerbe : « Papa, tu n'as jamais assuré avec moi. Tout cet argent que tu n'as jamais voulu me donner, eh bien le voilà, c'est moi qui te l'offre. » La mauvaise ironie du sort. J'ai souvent refusé de prêter de l'argent à Célie, même quand elle rencontrait de grosses difficultés. Il lui est arrivé de ne pas payer son loyer pendant près de deux ans. Je voulais qu'elle se responsabilise, et surtout, je craignais qu'elle n'utilise cet argent pour acheter de la drogue, car elle en consommait régulièrement. Je lui concédais 10 ou 20 euros, jamais plus. À certaines périodes de sa vie, je tambourinais à sa porte, mais elle restait recluse, avec un délinquant, sous l'effet des piqûres. Je me reproche tant de choses. J'aurais dû cesser de lui parler de la boxe, et lui proposer de partir dix jours en vacances, loin de Pont-Audemer.

Souvent, je regarde la photo de ma fille et j'embrasse ses cheveux de papier. Mes larmes lui murmurent : *Célie, ma Célie, qu'est-ce que tu as fait ? Quel gâchis, si tu avais suivi le chemin que je t'avais tracé, rien de tout cela ne serait arrivé, tu serais devenue une grande championne de boxe.*

Célie avait le même talent qu'Alexis, mais elle s'est rapidement opposée au programme strict que je lui imposais. Quand je l'interdisais de sortie, elle se rebellait. Elle tentait de fuguer en sautant par la fenêtre, mais quand je m'en apercevais, il m'arrivait de lui infliger des raclées. Je le regrette tellement. Quand elle manquait de respect à sa mère, je la giflais. Célie s'était déjà rendue à la gendarmerie afin de se plaindre de ma brutalité. Elle racontait aux gendarmes que je lui tapais dessus. Je suivais les principes d'éducation à l'ancienne que m'avait inculqués mon père. Je le craignais énormément. S'il me disait « Alain, tu restes à la maison », je ne bronchais pas. Un jour, le procureur d'Évreux m'a convoqué afin de m'adresser un avertissement : « Attention, Monsieur Vastine, vos méthodes ne sont plus acceptables. »

Le problème, c'était le comportement de Célie. Elle était incontrôlable, et surtout, s'entichait toujours des garçons les plus louches du département. Si vous la mettiez au milieu de dix hommes dans une boîte de nuit, elle choisissait systématiquement celui dont le casier judiciaire était le plus fourni. Ses petits copains dormaient plus souvent en « cabane » que chez leurs parents. Alors que j'étais en vacances à Djerba, en Tunisie, Célie m'avait demandé l'autorisation d'inviter son amoureux à la maison. J'ai voulu lui faire plaisir et j'ai accepté. J'ai retrouvé ma fille avec une dent cassée. Le jules était un voyou qui avait manqué de la tuer après une dispute. Il m'a fallu des mois pour qu'elle se débarrasse enfin de lui, grâce à une condamnation qui l'a envoyé en prison. Quand une gamine est amoureuse, l'entourage est impuissant. Un soir, elle m'a téléphoné en larmes, elle était prise pour cible par des zonards de Pont-Audemer. J'ai saisi une barre de fer pour aller la défendre, comme tout père de famille. Une autre fois, c'est Alexis qui s'est fâché dans un restaurant, en reconnaissant une racaille qui avait causé du tort à sa petite sœur : « Tu touches encore un poil de ma sœur, toi, je t'explose. » Encore un autre jour, je la croise dans un supermarché entourée de trois jeunes hommes. Dans leur chariot, des packs de bière et une dizaine de bouteilles de whisky. Moi : « Qu'est-ce que tu fais avec ces racailles ? C'est quoi tout cet alcool ? » Elle, menteuse : « C'est pas pour moi, papa, mes amis organisent une fête ce soir. » Souvent, j'ai reproché à Célie de salir le nom Vastine, notre nom qui représentait l'excellence des valeurs du sport. Combien de fois s'est-elle retrouvée au tribunal après avoir tabassé un videur de boîte de nuit ou avoir rossé un policier ? Célie était championne de France de boxe, et quand elle cognait, ce n'était pas pour plaisanter…

Ma fille a trop joué avec la chance au cours de cette jeunesse sordide. Une part d'elle en avait conscience. Deux mois avant sa mort, au cours d'un séjour en Provence chez ma sœur Roselyne, elle avait dit à sa mère : « Je sais que je ne vivrai pas longtemps. Je m'attends à mourir jeune. » Cela me glace le sang d'y repenser. C'était son heure.

Elle avait pourtant bien remonté la pente. Elle s'imaginait aide-soignante ou auxiliaire de vie pour des personnes handicapées. De beaux métiers au service des plus malchanceux.

Quand il a appris la mort de sa petite sœur, Alexis a embrassé sa mère et l'a serrée fort contre lui. Dans son attitude de chef de clan, il a tenté de nous réconforter. Célie et Alexis étaient liés par le talent. Ils avaient le même regard. Si l'on coupe les cheveux de Célie et la barbe d'Alexis, ils ont exactement le même visage. De mes cinq enfants, ils sont ceux qui me ressemblent le plus physiquement. À l'église, c'est encore lui qui a pris la parole. Il avait préparé un discours déchirant qui a ému tout le village. Il pleurait, et il parlait, et il pleurait. Deux mois plus tard, c'était son tour.

Après avoir encaissé le choc de la mort de sa sœur, il nous a annoncé qu'il partait en Argentine, pour le tournage de *Dropped*, un jeu télévisé qu'il nous présentait comme l'équivalent de *Koh-Lanta*. Le principe ? Des célébrités, sportifs de haut niveau, étaient abandonnées en pleine nature, dans des terres hostiles, les yeux bandés, sans nourriture, avec pour seule ressource une petite réserve d'eau. Sans carte ni boussole, Alexis et ses nouveaux amis devaient rejoindre la civilisation. Le tout filmé en permanence par les caméras d'Adventure Line Productions (ALP) afin de ne rien rater de cette aventure. Alex aimait prendre un sac à dos et partir à la découverte du monde.

« Cette émission représente pour moi un cadeau de la vie », souriait-il, ravi de se lancer dans une expérience qui trompait son quotidien usant de boxeur de haut niveau. Moi, j'étais surtout heureux de la préparation physique intensive qu'il suivait en vue de ce programme télévisé. C'était un bon présage en vue des Jeux olympiques de Rio, son prochain grand objectif. Il m'avait dit vouloir être champion olympique pour sa sœur. Ç'aurait été tellement beau. Je sais qu'il vaut mieux ne pas fabriquer ce genre de souvenirs positifs impossibles, mais j'éprouve des difficultés à m'en empêcher.

Grâce à sa forte personnalité, Alexis avait décroché un contrat aussi important que le footballeur champion d'Europe Sylvain Wiltord. Il gagnait même plus d'argent que la championne olympique de natation, Camille Muffat. Les autres participants ne rougissaient pas non plus de leur palmarès : Alain Bernard, Florence Arthaud, Jeannie Longo, Philippe Candeloro et Anne-Flore Marxer. Un ami a conduit Alexis à la gare de Caen, et on ne l'a jamais revu. À son départ, il était joyeux, ravi de cette nouvelle expérience. Quand j'y repense, je m'aperçois que je ne lui ai même pas souhaité bonne chance pour son jeu. J'aurais dû l'attraper chaleureusement par le cou et l'embrasser. Mais si on lisait l'avenir… Moi, je rentrais de l'entraînement, j'étais dans ma routine, et puis je n'imaginais pas qu'il puisse lui arriver quoi que ce soit. Il a toujours beaucoup voyagé. Quand on voit son enfant partir le sourire aux lèvres pour un jeu, on n'imagine pas qu'il se fasse tuer. Je me souviens aussi qu'il s'était querellé au téléphone avec son frère pour une histoire de chaussures. Alexis logeait à Champigny-sur-Marne chez Adriani, et ce dernier lui avait emprunté l'une de ses innombrables paires de baskets, ce qui avait fâché Alexis. Quand il a téléphoné à sa mère avant le décollage pour Buenos Aires, il lui a glissé : « Embrasse papa de ma part et dis-lui bien que je vais le gagner ce putain de jeu ! »

Moi, je pensais surtout à la suite. À son retour, nous nous envolerions tous les deux pour Cuba – j'avais déjà les billets d'avion – et débuterions sa préparation pour les Jeux européens de Bakou, en Azerbaïdjan. Puis, les Jeux mondiaux militaires en Corée du Sud, et enfin la préparation olympique et le tournoi de sélection des Jeux de Rio. Alexis était sur la bonne voie pour conquérir l'or olympique en – 69 kg. À ce moment-là, il avait perdu un peu de vivacité, il était seulement à 80 % de ses moyens, mais nous avions encore le temps…

Quand il est parti en Argentine, Alexis a oublié sa mascotte. Sa mascotte était un kangourou en peluche qui portait des gants de boxe, de couleur rouge. Sa mère lui avait acheté dans une foire-à-tout en échange de cinq francs. Il l'emmenait partout avec lui. Stages, compétitions... Dans le vestiaire, sur le banc, elle nous suivait en permanence. Cela agaçait copieusement les entraîneurs de l'équipe de France, mais c'était la mascotte de la famille Vastine. On la touchait pour qu'elle nous porte bonheur. Quand il préparait ses affaires, c'était toujours la dernière chose qu'il mettait, tout en haut du sac, après l'avoir embrassée. S'il l'oubliait à la maison, il avait un mauvais pressentiment.

Malheureusement, elle ne l'a pas suivi jusqu'à Villa Castelli.

Le début du tournage s'est bien passé pour Alexis, puisqu'il n'a pas été éliminé, au contraire du footballeur Sylvain Wiltord qui avait déjà quitté l'Argentine au moment du drame. Sur la *Tierra del Fuego,* la Terre de Feu, à l'extrême sud du pays, les participants devaient allumer un feu le plus haut possible. Il y avait deux équipes : les bleus, et les rouges. Alexis avait remporté l'épreuve des rondins, mais je n'ai jamais vu les images. On ne nous l'a jamais proposé. Dix ans plus tard, cela me ferait du bien de découvrir les derniers instants de bonheur de mon fils. Lors du week-end de repos, Alexis avait passé beaucoup de temps au bord de la piscine avec Camille Muffat. Ils avaient projeté de participer à *Fort Boyard* l'été suivant. Ils avaient baptisé un chien errant qui les avait séduits. Les derniers jours de mon fils étaient souriants.

Pour la deuxième épreuve, les candidats devaient rejoindre Quebrada del Yeso, au cœur de l'étouffant désert d'Atacama, l'un des plus arides du monde. La veille, Alexis avait expédié un message à Cassie : « Dis à maman que tout se passe bien. Qu'on dort à la belle étoile et que je suis accompagné d'une bonne étoile. » Avant de monter dans l'hélicoptère aux couleurs bleu-blanc-rouge, mon fils affichait le sourire de l'innocence. Il ne connaissait pas l'histoire macabre de ces terrifiantes montagnes qui ont englouti tant de champions. En 1972, l'avion d'une équipe de rugby uruguayenne s'était abîmé dans la cordillère des Andes, à plus de 4 000 mètres d'altitude. Sous la neige, seize rescapés avaient survécu pendant deux mois en dévorant les restes humains de leurs coéquipiers. Il paraît qu'on appelle ça de l'anthropophagie. Deux mois plus tard, ils étaient enfin secourus. Le miracle des Andes[1].

Chez les Vastine, les miracles n'existent pas et les histoires finissent toujours mal.

Quand Gwladys Épangue puis Alain Bernard ont téléphoné à Adriani pour l'avertir du drame, puis, quand toutes les chaînes de télévision ont annoncé

---

1 *cf. Le Cercle des neiges,* remarquable film datant de 2023, de Juan Antonio Bayona.

la nouvelle, j'ai refusé d'y croire. J'étais dans la chambre du haut, et j'entendais ma femme sangloter. « C'est pas vrai, c'est pas vrai, c'est pas vrai. » Crescendo, ses paroles transperçaient le silence de la nuit.

Cela ne pouvait pas être vrai. Pas deux fois, pas en si peu de temps. Pas mon pauvre Alexis, lui qui avait déjà tant souffert. On lui avait déjà volé deux titres olympiques, ses larmes sur le ring avaient arraché le cœur des Français et une partie du sien, il s'était relevé d'une dépression et d'une phase d'alcoolisme, et on m'annonçait qu'il était mort dans un accident d'hélicoptère ? J'ai choisi le déni et répondu à ma femme : « C'est pas vrai, ne te tracasse pas, ce sont d'autres gens qui sont morts, Alexis est dans la brousse, il ne prend pas d'hélicoptère. » J'ai repoussé l'échéance le plus longtemps possible pour m'extirper de cette vie qui me rendait orphelin de mes deux enfants. Puis, j'ai dû encaisser. J'ai crié. J'ai pleuré. Sombré.

Dans la province de La Rioja, les deux hélicoptères du jeu se sont percutés et ont explosé en vol. Mon fils a péri dans la fournaise, au cœur de litres de carburant brûlés.

Comme un zombie, j'ai reçu les gendarmes venus officiellement transmettre la nouvelle macabre, comme au temps de la guerre. La tendresse de la capitaine Rose-Anne Vaillant, douce comme une maman, et l'accent consolateur de Philippe, le gendarme aveyronnais. Puis, mes trois derniers enfants ont apporté leur chagrin les uns après les autres. Aucun d'entre nous n'était assez fort pour réconforter l'autre.

— Mais qu'est-ce qui nous arrive ? hurlait Sylvie, qui ne trouverait plus jamais le sommeil.

Nous étions la famille maudite. Celle sur qui tous les malheurs du monde avaient décidé de s'abattre, sans préavis de sortilège.

Après une nuit sans fermer l'œil, j'ai traversé la forêt de caméras qui siégeait à mon domicile. C'était dur, mais je n'ai jamais refusé de répondre à un journaliste. Quand j'organisais des combats de boxe, les médias ont toujours été là pour assurer ma promotion. Je suis monté dans ma Clio, je suis allé ouvrir ma salle de musculation à Fourmetot comme chaque matin, et je suis rentré. Cloîtré. Le maire est venu. Ma vie n'est plus qu'un livre de condoléances. L'après-midi, je suis retourné à la gym pour me vider l'esprit. Je ne voulais plus penser à rien d'autre qu'à ma fille et mon fils que j'aimais tant. Respirer dans ce monde sans Célie et Alexis était une torture. À la maison, Cassie nous avait interdit d'allumer la télévision, car les chaînes d'information passaient en boucle les images chocs de l'hélicoptère calciné. Moi, je rallumais le poste dans son dos, car je voulais comprendre les circonstances du crash, savoir si mon fils avait souffert ou s'il avait été tué par le souffle de l'explosion. Ma fille me demandait pourquoi j'aimais me faire du mal. Je répondais que je n'avais plus que ça à faire. Le mal me rongeait et me ronge toujours. On avait tant pleuré pour Célie que nos yeux ne trouvaient plus de larmes pour son frère. La source était tarie et cela rendait notre désarroi encore plus inhumain.

Lors des jours suivants, j'ai modifié ma routine pour m'entraîner au petit matin. Cela m'évitait les regards gênés des villageois qui ne savaient jamais quoi me dire, mais ne pouvaient s'empêcher de me dévisager. Vastine, la bête curieuse. Vastine, l'aimant du malheur. J'ai appris à vivre la tête baissée. En soulevant la fonte, je me souvenais des jours de sourires, juste avant le départ d'Alex en Amérique du Sud, quand je l'accompagnais dans sa préparation physique. À coups de séries de développé-couché, je lui avais taillé de superbes pectoraux. Des séries de quinze, avec seulement trois secondes de pause. « Et plusieurs fois si tu veux que ça gonfle ! », lui répétais-je. Alexis n'avait pas accepté la proposition de *Dropped* pour passer à la télévision, mais pour gagner. Il ne voulait jamais faire de la figuration. Même quand il disputait une partie de football, il cherchait à mettre plus de buts que les autres. Il avait l'esprit de combat, comme moi. Je me suis réconforté en me rappelant ces derniers instants de complicité.

Les responsables de l'émission ont beaucoup menti. Je les ai entendus dire qu'ils nous avaient contactés. C'est faux. Jamais je n'ai reçu le moindre appel. Pas une fois. Quelques jours après la tragédie, ils nous ont payés le voyage en Argentine pour découvrir les lieux du drame et obtenir des réponses, mais c'est tout. Ce voyage était organisé de façon malsaine. Les responsables de la chaîne privée nous fliquaient. Ils refusaient que l'on échange avec la population locale. Comme s'ils avaient peur que l'on obtienne des réponses dérangeantes. Peu importe. Seul, j'y suis retourné, et avec l'aide d'un interprète, j'ai rencontré le gendarme local qui est la première personne arrivée sur les lieux du crash.

La production télévisée refuse d'admettre les fautes de sécurité commises, encore, pour économiser les coûts, et donc gagner plus d'argent avec ce jeu. La quête du profit des uns provoque souvent la perte des autres. Alexis est mort sur l'autel de la cupidité. Les hélicoptères étaient bon marché. Les pilotes, inexpérimentés. Ils n'avaient jamais utilisé de tels engins. Les caméras n'étaient pas incorporées sous l'hélicoptère, car cela coûtait trop cher ; donc, le cadreur obstruait la vue du pilote avec une énorme Bêtacam, et filmait la portière ouverte. La sécurité n'était qu'un accessoire. Le plan de vol a été écrit au sol, sur la terre, avec deux bâtons de bois. On imagine bien comment cela s'est déroulé : on a mis la pression sur les pilotes pour voler au plus près afin d'avoir les images les plus spectaculaires. Et comme ils sont morts, on essaye de mettre toutes les responsabilités sur le dos de ces pauvres pilotes ? Quelle honte ! Mais comment ces gens peuvent-ils se regarder en face ? Je souhaite ardemment que les dirigeants de la production assument leurs responsabilités dans ce drame. Moi, quand je suis arrêté par un policier pour excès de vitesse, et qu'il me demande « est-ce que vous savez pourquoi je vous contrôle ? », je réponds positivement. Je ne me cherche pas d'excuses. J'ai roulé trop vite. J'assume. Je paye. Aux responsables de la mort de mon fils de payer à leur tour.

Nous avons porté plainte collectivement.

Parfois, je sens sur moi des regards dérangeants accompagnés de la question : « Pourquoi tu portes plainte ? Ça ne va pas faire revenir ton fils. »

Sous-entendu : tu portes plainte pour l'argent. Tu veux de l'argent. Tu veux t'enrichir sur le dos de ton fils.

Non, mais arrêtez avec ce fichu argent !

Déjà, si je gagne le procès, je vais rendre heureux encore plus d'enfants en Argentine via mon association. Mais, en tant que père d'Alexis, je porte aussi une autre responsabilité, encore plus lourde. Si avec les autres familles, nous n'avions pas porté plainte, combien d'accidents mortels surviendraient-ils encore lors des tournages de jeux télévisés ? Ce n'est pas la première fois que ça arrive. Souvenez-vous des deux morts de *Koh-Lanta* en 2013 (un concurrent et un médecin). Cela fait donc douze personnes qui ont perdu la vie. Si on les laisse faire, ils vont recommencer. Le sentiment d'impunité ne peut pas perdurer. Rien ne ramènera mes enfants. Mais je ne ferai pas de cadeau à ceux qui me les ont pris.

Il y a deux procédures en parallèle. Pour l'ingénieur du son, c'est un accident du travail, et sa famille a déjà gagné son procès contre la société de production. « Faute inexcusable », a statué le tribunal judiciaire de Laon, puis la cour d'appel d'Amiens. « Faute inexcusable », ça veut bien dire ce que ça veut dire, non ? En ce qui nous concerne, c'est un procès au pénal. C'est tellement long, le temps de la justice. Malheureusement, les accusés utilisent tous les artifices légaux pour repousser l'échéance. Quand il a fallu porter plainte, je n'avais pas les moyens d'engager un cabinet d'avocats. Quand j'ai vu les montants que je devais débourser, c'était risible tellement c'était élevé. Maître Sarfati, habitué des affaires médiatiques, un homme de loi remarquable et à l'écoute, a accepté de ne prendre aucun honoraire à l'avance. Il touchera 10 % de la somme qui me reviendra. C'est un monde à part. Il y a la justice pour les pauvres et la justice pour les riches. Sans lui, je me serais retrouvé avec un gars du coin à peine diplômé du Barreau et il se serait fait avoir par la puissance du camp d'en face. Dans la vie quotidienne, j'ai un seul talent : la capacité à « sentir » les gens, c'est-à-dire que je comprends instantanément si le courant va bien passer entre une personne et moi. J'ai un instinct. Chaque individu véhicule quelque chose. Et j'ai aussitôt compris que Maître Sarfati serait dans mon camp.

Dix ans de procédure, et on n'en voit toujours pas le bout. C'est interminable. Je n'aurais jamais imaginé que cela puisse être aussi long. Parfois, je n'y pense même plus et j'oublie que le procès n'a toujours pas eu lieu. Attendre si longtemps, c'est irréel.

Je n'ai jamais vu les images tournées par leurs caméras de malheur. Mais je sais qu'au moment de monter dans l'hélicoptère, Alexis était détendu, souriant. Il avait même tapé dans la balle avec des enfants argentins. Passionné de ballon rond, il avait donné une leçon de football aux disciples de Messi et Maradona, en multipliant les dribbles et les accélérations. Mon fils était aussi doué avec ses pieds qu'avec ses poings. Il était heureux. Je fabrique dans ma mémoire cette dernière image de lui, son short kaki, sa chemise bleue à carreaux, son geste de la main amical en direction des villageois. Quelques secondes plus tard, il n'était plus rien. Depuis que j'ai appris les circonstances de son décès, j'ai une obsession. Que restait-il de mon fils ? Dès que j'ai vu le cercueil, à l'aéroport, je l'ai soulevé pour le soupeser. Je n'ai pas eu l'autorisation de l'ouvrir et c'est probablement mieux ainsi. Si on m'avait laissé faire, je l'aurais ouvert pour découvrir les restes de mon petit. J'aurais accompli mon devoir de père. Mais le néant m'aurait accablé.

Le cercueil était tellement léger que c'en était effrayant.

C'était presque un cénotaphe. On m'a expliqué que le brasier avait brûlé toute la carcasse de l'hélicoptère. Avant l'accident, les pilotes avaient rempli de carburant leur réservoir, au maximum. Même de gros morceaux de ferraille se sont consumés. L'engin ressemblait à une bougie fondue. En boucle, je pensais : il ne doit plus rien rester de mon gamin. Et encore, qui pouvait me prouver que le cercueil contenait les cendres de mon fils et pas celles des autres malheureux ? J'ai préféré ne pas demander. Ne pas savoir. Quand j'imagine mon Alexis au cœur des flammes, mon cœur s'évanouit. Ce gamin n'a jamais eu de chance. Jamais. Alors qu'il a toujours été droit, honnête, sportif. Combien de narcotrafiquants sont encore sur cette terre alors qu'ils exercent le mal au quotidien ? Et mon garçon qui a souffert toute sa vie.

Dans la chapelle ardente de l'aéroport, l'ambiance était mortuaire. Les cercueils étaient alignés. Un âcre parfum de guerre flottait dans l'air.

J'ai embrassé tous les cercueils. Je voulais signifier ma solidarité à tous les proches de victimes, car notre position de « famille Vastine » était gênante. Dans les médias, on parlait sans cesse de la mort d'Alexis Vastine, Camille Muffat et Florence Arthaud. Comme si la mort d'un boxeur, d'une nageuse et d'une navigatrice était plus triste que celles d'un pilote, d'un sondier ou d'un cameraman. On était tous touchés de la même manière. Tous transis de chagrin. Voir ces pères, ces mères, ces frères et ces sœurs qui hurlaient aux larmes devant ces planches de bois anonymes et creuses, c'était inhumain. Je veux ici rendre hommage aux sept autres personnes décédées, que je n'oublierai jamais : Laurent Sbasnik (réalisateur), Lucie Mei-Dalby (journaliste), Volodia Guinard (chef de projet), Brice Guilbert (cadreur), Édouard Gilles (ingénieur du son), et les deux pilotes argentins, Juan Carlos Castillo et César Roberto Abate. Ce livre est aussi pour eux.

L'enterrement a été organisé par la production audiovisuelle, ce qui nous a évité de revivre l'épreuve de la préparation des obsèques de Célie. J'ai été choqué par ma découverte du commerce de la mort. Ma petite fille venait de décéder et on me parlait sans cesse d'argent. On m'a mis sous les yeux un catalogue avec différents prix de cercueils : ça allait de 500 euros à 10 000 euros. Je n'ai pas réfléchi, comme j'avais l'argent de la vente de la maison, j'ai acquiescé pour celui à 4 000 euros. Plus tard, on m'a dit que j'étais fou de payer aussi cher, que ceux en sapin à quelques centaines d'euros étaient aussi bien, mais comment voulez-vous réfléchir dans ces moments-là ? J'ai pensé aux pauvres types qui s'endettent pour des planches de bois parce qu'ils ont voulu le meilleur pour leur enfant. Tout ceci est dégoûtant.

Le cercueil d'Alexis est d'un bois très bon marché, car il a été fabriqué en Argentine. Personne ne nous a demandé notre avis. C'est un cercueil tout simple, de mauvaise qualité, avec un Christ et une plaque clouée grossièrement. On peut y lire, en espagnol : *Vastine Alexis Alain - 17 noviembre 1986 - 9 marzo 2015*. La plaque n'est même pas droite, et le cercueil est seulement scellé avec deux vis.

J'ai beaucoup apprécié l'hommage du monde du sport, organisé à l'Insep, deux jours après la tragédie. Tous les grands champions étaient là, autour de grands portraits d'Alexis, Camille et Florence, installés au centre de la grande halle Maigrot. Sur le ring de la salle de boxe, les athlètes avaient déposé des dizaines de couronnes de fleurs. Mon fils a été célébré plus que nombre d'hommes politiques. Même si j'étais effondré du début à la fin de la cérémonie, j'ai été touché par cette reconnaissance. Mon fils a été volé deux fois, aux JO, je vous le raconterai plus loin. Il méritait d'être estimé à la hauteur d'un champion olympique. Les mots, ou les silences, des uns et des autres étaient très émouvants. J'ai rencontré les sportifs qui participaient à l'émission, qu'on pourrait appeler les « survivants ». Sylvain Wiltord avait été éliminé juste avant la catastrophe. Alain Bernard a failli monter dans l'hélicoptère d'Alex. Quand j'ai vu le champion olympique de natation poser le regard sur le cercueil de mon fils, j'ai perçu son émotion. Il était triste, désemparé devant cette tragédie qui l'avait effleuré de si près. Son masque était sincère. La dernière fois que je l'ai vu, je l'ai senti gêné de discuter avec moi. C'est un gentil garçon. Je ne peux pas en dire autant de Philippe Candeloro, que l'on a vu sur TF1 une semaine après comme si de rien n'était, avec un air détaché, très choquant.

Patrick Kanner, le ministre des Sports, était là, avec son secrétaire d'État, Thierry Braillard. Étaient également présents Jean-Michel Brun, secrétaire général du CNOSF et bien sûr Jean-Pierre de

Vicenzi, directeur général de l'Insep. J'ai reconnu aussi Valérie Fourneyron, l'ancienne ministre des Sports, David Douillet, Teddy Riner, des militaires, des membres du GIGN. Des champions du monde, des champions olympiques. Le personnel de l'Insep. Tous ont eu un mot gentil à mon endroit. Tous m'ont fait pleurer encore un peu plus en me confiant à quel point Alexis était un être aimé dans le milieu du sport français. C'était un hommage grandiose. Je plongeais mes yeux dans ceux d'Alexis, représentés sur le portrait en face de moi. Je n'en revenais pas de voir tous ces gens réunis pour lui. Et je me disais : punaise, c'était quand même un Monsieur, mon Alexis. Je ne m'étais pas rendu compte de tout ce qu'il représentait.

Pendant les discours, je me concentrais pour savoir ce que l'on disait de mon fils.

Le ministre des Sports : « C'est un peu de la France qui s'en est allée en Argentine. La famille du sport est en deuil, notre pays est en deuil. Nous sommes lestés par la tristesse de voir partir trop tôt des visages qui nous sont chers et qui nous ont fait rêver. »

Abdelkader Bouhania a été le plus émouvant. Partenaire d'entraînement d'Alexis pendant une dizaine d'années, il n'a pas oublié d'associer Célie à son hommage : « Hey, Bradley[1], la famille du sport est toujours là pour te conseiller et t'écouter comme tu as toujours fait pour nous. Putain de Vietnam ! Tu as perdu une bataille, mais pas la guerre. Tu as toujours été une valeur d'exemple et de réussite, tant sur le plan social que professionnel, mais surtout sportif.

Malgré tes médailles volées, tu nous as toujours fait rêver. Tu étais le plus talentueux de nous tous, tu nous as toujours montré la marche à suivre. Même si tu n'as jamais eu de chance dans la vie, tu as toujours gardé la tête haute avec ton sourire ravageur.

Tu étais toujours dans l'extrême, une des caractéristiques premières des grands champions, c'est-à-dire que quand tu aimais, c'était d'un amour entier. D'ailleurs, tu ne manquais pas une occasion de nous le montrer. Travailleur, tu étais un acharné et parfois autodestructeur. C'est toutes ces choses-là qui font de toi la personne qu'on a aimée et qu'on a admirée.

Tu laisses derrière toi un grand vide dans nos cœurs, mais une légende ne s'oublie pas. Et on ne t'oubliera pas. Tu as traversé des moments extrêmement difficiles, mais tu as toujours réussi

1 Surnom qu'Alexis s'était lui-même donné en visionnant un film avec Adriani.

à remonter la pente. Ta force de caractère en est sûrement la raison. Tu ne cesseras de briller comme une étoile.

Tu as rejoint ta princesse Célie. À deux ce sera plus facile pour veiller sur ta famille et les gens que vous aimiez. Et comme tu le disais si bien, si on veut se revoir, il faut se quitter. Alors ce n'est pas un adieu, mais un au revoir. On t'aime Bradley. »

Lors des jours qui ont suivi l'accident, j'avais l'impression que la France avait subi un attentat. Tout le monde ne parlait que de cela à la télévision.

La cérémonie de la mairie de Pont-Audemer a été encore plus douloureuse. J'avais l'impression d'être regardé comme un animal de foire. J'aspirais à de l'intimité, mais tout le village, et ceux des alentours, s'étaient massés devant l'hôtel de ville, pour suivre le mouvement. J'y suis allé à contrecœur, j'ai trouvé ça gênant. Moi, j'aimais les réceptions à la mairie pour fêter le titre de champion du monde de l'un de mes enfants. Là, ça ne rimait plus à rien, même si j'ai été touché de constater l'émotion d'une partie de la population. Encore une fois, cela signifiait que mon gamin représentait quelque chose. Et que dire des larmes d'Adriani. Ça m'a fait mal, mais mal à en crever comme vous ne pouvez pas l'imaginer.

Michel Leroux, le maire, qui m'a toujours tenu en haute estime pour avoir placé Pont-Audemer sur la carte de France grâce aux résultats de mes enfants, a prononcé un discours : « C'est un nouveau drame qui touche la famille Vastine. Alexis, c'était un gentil. On le connaissait bien à Pont-Audemer. Il aimait cette ville, il aimait se promener rue de la République, il allait aux terrasses des cafés, il avait toujours le sourire. Alexis, c'était celui qu'on aimait, on ne pouvait pas faire autrement que de l'aimer. Alexis, c'était le courage. Petit, sur le ring, avec Alain, il a appris le goût de l'effort, les valeurs du sport. Il a porté les couleurs, très haut. C'est un champion. Un champion à qui l'on doit beaucoup et à qui on a volé un peu la victoire. La ville, mais aussi les sportifs n'oublieront pas Alexis. Nous prendrons des dispositions pour que sa mémoire perdure dans la commune. » Un portrait géant d'Alexis, datant de sa médaille olympique à Pékin, a été accroché sur le parvis. Des dizaines de caméras sont braquées sur moi, mais je baisse la tête. Je veux vivre seul dans mes pensées. Plutôt que le discours du maire, ce sont les pleurs de Sylvie que j'entends, derrière moi. J'aurais souhaité que la minute de silence dure vingt-quatre heures, au moins.

Puis, les Pont-Audemériens ont déposé des centaines de roses blanches.

Cette tragédie a mis Alexis au panthéon des grands champions malchanceux. Avec toute l'injustice qu'il a subie. Deux fois. Alexis aurait dû être champion olympique. Il avait tout dans les gants. Et il est mort un an avant les Jeux de Rio. Désormais, son âme boxe dans la poussière argentine.

3

DANS LA POUSSIÈRE ARGENTINE, SUR LES TRACES D'ALEXIS

Quinze mille kilomètres me séparent de l'âme de mon fils.

Le voyage est tellement long. Quatorze heures d'avion pour rejoindre l'aéroport international Ministro Pistarini de Buenos Aires, la capitale de l'Argentine, puis un transfert vers l'aéroport de Newbery et encore deux heures de vol intérieur jusqu'à La Rioja, à condition de tomber le jour du vol, sinon, il faut attendre vingt-quatre à quarante-huit heures. Enfin, un périple de quatre heures et demie de bus jusqu'à la cité de Villa Castelli, en traversant la pampa et les Sierras Pampeanas, un massif montagneux qui chatouille la cordillère des Andes. C'est coûteux, aussi ; 3 000 euros tout compris. C'est aussi pour cela que personne ne m'accompagne. L'argent n'a pas de valeur à mes yeux. Je me dis : *Pour ton fils, tu dois bien faire ça.* Aucun touriste ne pose ses valises dans ce village de 1 700 habitants, pourtant le panorama vaut le coup d'œil. Le paysage est à couper le souffle. Villa Castelli, c'est l'aridité désertique, la roche ocre et rouge sublimée par les soleils couchants, la présence rassurante des montagnes. À chacune de mes visites annuelles, je m'imprègne de ces vues inoubliables, qui sont aussi les dernières dans les yeux de mon fils. Le climat est chaud et sec. À plus de mille mètres d'altitude, seule pousse une végétation qui ne réclame jamais d'eau de pluie : des arbustes épineux, des buissons, des cactus.

Quand je pose les pieds sur le sol rougeâtre, là où Alexis est décédé, je sens son âme.

Je salue mon fils.

Au milieu de ce champ de poussière, parmi la broussaille, je suis bouleversé. Obsédé, toujours, par cette même question : que restait-il du corps d'Alexis ? Je n'ai jamais eu l'autorisation d'ouvrir son cercueil. Après l'accident tragique de ma fille, j'ai serré son corps contre moi. Mon cœur s'est vidé ce jour-là, mais je lui ai dit adieu. Alexis, je ne l'ai jamais revu. Probablement parce qu'il ne restait rien de lui. Je ne peux m'empêcher d'y penser. Alexis était si beau. Qu'est-il devenu physiquement ?

Un an après le voyage officiel, je suis retourné en Argentine pour la première fois. Seul. Déjà, personne ne voulait m'accompagner. Ni femme, ni enfants, ni amis, ni les autres familles de victimes. Cela ne m'a pas arrêté. Je devais ce voyage, et tous les autres, à mon fils.

À Villa Castelli, j'ai retrouvé le gendarme argentin, celui qui était arrivé le premier sur les lieux du drame. Il m'a confié qu'après l'accident, il était impossible d'approcher à moins de cinquante mètres des carcasses d'hélicoptères tant le brasier était chaud. Juste avant le décollage, les hélicoptères avaient rempli leur réservoir de kérosène. Tout a brûlé… avec mon enfant.

Assis en face de moi, le gendarme pleurait. Nous étions attablés dans son village. Il recevait un père et se sentait coupable de n'avoir rien fait pour sauver mon fils. Je l'ai remercié de me parler et l'ai assuré qu'il n'avait rien à se reprocher. Que pouvait-il contre deux monstres d'acier en flammes ? Il me faisait de la peine. Ce jour-là, il m'a offert une gravure en pierre. Il m'a expliqué que les secours avaient mis quatre heures à arriver sur place. De toute façon, il n'y avait plus rien à sauver.

Quand je suis en Argentine, les questions vont et viennent, s'entrechoquant, mais les réponses ne varient jamais puisqu'il n'y en a pas. Alexis est reparti dans l'autre monde. En une seconde, il est tombé de l'autre côté. Florence Arthaud avait frôlé la mort sur son bateau, survécu à des nuits de tempête. Là, elle a péri en une minute d'hélicoptère. Il y a des destins…

Parfois, je me dis que Célie a appelé son frère. Perdue, elle se sentait seule aux portes du Paradis et lui a lancé un appel au secours. Mais je ne comprends pas pourquoi elle aurait convoqué neuf autres morts qu'elle ne connaissait pas. Mon cerveau va et vient entre ces deux certitudes. Je suis perdu. Mieux vaut que je cesse d'y penser. Mais, dix ans après, j'y songe toujours…

Toutes ces questions…

Le destin est fourbe. Initialement, Alain Bernard devait monter dans cette machine de mort, à la place d'Alexis. Mon gamin n'a jamais eu de chance. Jamais. Qu'a-t-il fait pour mériter tout cela ? Sa passion, c'était le sport. Il ne faisait que ça. À l'Insep, il commençait ses entraînements à 5 h 30 du matin. Le week-end, il enchaînait les compétitions. Avec Adriani, son frère, ils ont sillonné le monde entier jusqu'en Sibérie pour suivre des stages intensifs de boxe. Alexis n'a jamais été un bagarreur dans la vie. Il était respectueux.

« Papa, je serai champion olympique », me répétait-il. Et il s'infligeait une vie de sacrifices pour y parvenir. Dans les soirées, avec ses copains athlètes, il n'abusait jamais. Je lui avais expliqué que l'alcool n'était pas bon pour un sportif et il l'avait compris sans peine.

Avec tout ce qu'il a subi, il mérite de traverser l'éternité dans le plus beau des royaumes. J'espère au moins qu'on me l'a arraché pour une immensité plus rose... La vie est tellement injuste. Cruelle.

Voilà tout ce à quoi je pense quand j'ai les pieds sur le sol ocre de Villa Castelli, le regard tourné vers le ciel imperturbablement bleu malgré la noirceur de la vie.

L'hélicoptère d'Alexis a fondu au sol. Il en reste encore des débris. Personne ne nettoie. C'est comme un sanctuaire. Chaque année, j'en ramasse un ou deux morceaux. C'est mon pèlerinage.

Les pieds dans la poussière, dans cet horizon broussailleux, je pleure en silence. Je respire un grand coup et m'adresse à mon ange : « Alexis, je suis là où tu es parti. » Comme je suis croyant, je sais que son âme est restée là. Je ne cesserai jamais de lui rendre visite et de brûler des cierges dans l'église de Villa Castelli. Ce voyage est une douloureuse bouffée d'oxygène dans mon quotidien souffreteux. C'est primordial. Ce champ aride argentin est l'équivalent du bord de route où ma fille est décédée. Nous avons érigé un monument souvenir autour d'un arbre. Je l'entretiens seul. Ce n'est pourtant pas au fin fond de l'Argentine… mais en Normandie. Ses frères et sœurs ne s'en occupent pas. C'est dommage. Quand je suis dans La Rioja, je pense aussi à ma Célie.

Les pieds dans la poussière, je sais que mon fils me regarde et me remercie de lui être resté fidèle, envers et contre tout. L'esprit de combat des Vastine. On a toujours été comme ça, lui et moi. Je devine, aussi, sa fierté de voir ce que j'ai entrepris à sa mémoire, en son nom et celui de ses neuf amis d'infortune.

4

ALEXIS ET SES 9 AMIS

Lors de ma première visite à Villa Castelli, j'ai été frappé de voir un homme qui portait la chemise bleu ciel à rayures d'Alexis. Je ne suis pas matérialiste, mais quand cela concerne mon fils décédé, ce genre de détail fait tilt dans mon esprit. Au milieu de la pauvreté ambiante, le look habillé de l'Argentin d'une quarantaine d'années détonnait. J'ai été encore plus touché quand l'interprète m'a expliqué pourquoi l'autochtone portait ce vêtement. Juste avant de monter dans l'hélicoptère, Alexis avait pris le temps de discuter avec la population locale. Mon fils était un homme généreux. Je suppute qu'il a aussitôt compris la situation de pauvreté extrême du village qui l'accueillait. En signe d'amitié, il a fait don de sa chemise à cet homme. Il a fait une bonne action juste avant de mourir. Vous ne serez donc pas surpris de mon récit dans les pages qui suivent. En tant que père et entraîneur de boxe, j'ai beaucoup inspiré mon fils qui m'a surpassé en tant que champion. Désormais, je suis ses traces et me rends compte des actions caritatives qu'il aurait aimé mener, un jour, dans sa vie.

L'histoire de cette chemise était un signe de Dieu. Le Seigneur me demandait de venir en aide à cette population. En accueillant ma peine et mes larmes, les habitants de Villa Castelli m'ont intronisé comme l'un des leurs. De longues heures durant, nous avons pleuré ensemble. Leur chagrin était sincère. Ils ne connaissaient pas les victimes du crash, pas même les plus connues d'entre elles, mais le fait d'avoir vu et entendu ces hélicoptères s'écraser à côté de chez eux instaurait une proximité affective. Je les ai trouvés si touchants. Les Argentins sont très pieux, d'une croyance qui n'a rien à voir avec la nôtre. Quand ils ont compris que je reviendrais, et plus encore, quand je suis revenu, les vibrations étaient fortes émotionnellement. Je suis le premier étranger à me préoccuper de leur sort.

J'ai instantanément pris ma décision : je m'impliquerai pour les Argentins de Villa Castelli. J'ai alors songé à créer une association.

J'ai choisi de l'appeler « Alexis et ses neuf amis », pour n'oublier personne. J'ai voulu intégrer dans cette association les neuf autres personnes décédées. Je ne voulais pas particulièrement mettre mon nom en avant, rejetant toute forme d'égoïsme. Je pense toujours aux autres. Mais, finalement, je suis le seul à m'en occuper. Le seul à chercher des fonds pour les donations. Et même le seul à retourner sur les lieux de l'accident. Dans le village, beaucoup sont déçus que les autres familles ne s'impliquent pas. Cette générosité n'est pas vaine. Quand je me rends là-bas, je suis accueilli comme un roi. Mon engagement, ils me le rendent au centuple, grâce à leur amour. Désormais, la salle de sport s'appelle *Gimnasio Alexis-Vastine*, avec un grand portrait de mon fils à l'intérieur.

J'ai fondé l'association en 2016. Plus le temps passe, plus il devient difficile de trouver des financements. Avant chaque visite, j'essaye d'organiser un gala de boxe afin de leur reverser la recette de la soirée. Quand ma mère est décédée en 2023, j'ai prélevé une part de mon petit héritage pour offrir 3 000 euros à l'association. Je ne veux pas attendre d'être mort pour faire le bien autour de moi. C'est maintenant que je dois agir. Mon argent, je ne le regarde pas, je ne le compte pas. Cela n'a plus aucun intérêt. Quand on perd un enfant, on change de philosophie de vie. Alors quand on en perd deux…

Avec les fonds, je finance l'école du village. Matériel informatique, équipements sportifs…

Le système scolaire local est ma priorité. Ces enfants, nés avec rien, méritent qu'on leur donne les moyens d'accéder à une éducation convenable.

Lors de mon dernier voyage, j'ai rencontré un jeune cycliste qui pratiquait le VTT en compétition. Il n'avait pas d'argent pour s'acheter un nouveau cadre, alors je l'ai financé. Forcément, on m'en demande toujours plus. À l'échelle de ce village très pauvre, je suis considéré comme un milliardaire. Comme j'apporte de l'argent dès que je m'y rends, certains pensent que mon compte en banque est un puits sans fond. Les Argentins ne connaissent pas mes conditions de vie en Normandie ni ne savent les montagnes que je soulève pour leur apporter un chèque tous les ans. Qu'ils soient boxeurs ou pratiquent une autre discipline, tous les sportifs locaux aimeraient que je les sponsorise, mais c'est impossible. Je ne peux pas aider tout le monde. Ma priorité reste l'école.

Depuis dix ans, j'ai donné plus de 16 000 euros en argent liquide, sans compter les dons matériels. L'informatique, par exemple. En 2019, j'ai fourni une vingtaine d'ordinateurs au groupe scolaire de Villa Castelli. J'ai acheté 220 paires de chaussures. Et je suis seul au monde pour y parvenir.

À l'approche des Jeux olympiques, j'ai coorganisé un musée roulant de l'olympisme qui a sillonné toute la France. Peut-être l'avez-vous visité ? Plusieurs sportifs de l'Insep m'ont donné des souvenirs, des vêtements dédicacés, des médailles. J'ai également acheté les tenues de boxe des doubles champions olympiques cubains Julio César de La Cruz et Arlèn Lopez, afin de les intégrer au musée. Cela m'a permis de générer 500 euros de revenus mensuels pendant quelque temps. Grâce à cet argent, je peux financer mon association. À présent, comme les JO sont passés, je vais organiser une vente aux enchères dont les bénéfices seront réservés à Alexis et ses neuf amis.

Obtenir des fonds est un combat quotidien. Je suis écœuré par la France. On ne parle plus que d'argent. Moi, je me contrefous de l'argent. Tant que j'en ai assez pour vivre, j'aide les autres. Par exemple, je donne 20 euros par mois pour le continent africain. Ce n'est pas grand-chose, mais parfois je me prends à rêver que tout le monde fasse comme moi. Ne pensez-vous pas que cela pourrait changer le destin de nombre de populations parmi les plus pauvres ? Récemment, les responsables d'une association caritative pour l'Afrique m'ont demandé si j'avais la possibilité d'augmenter la valeur de mon don. Je leur ai répondu d'aller demander la même chose aux footballeurs africains qui gagnent des millions d'euros tous les ans et s'achètent des montres de luxe à tire-larigot. N'êtes-vous pas d'accord avec moi ? Moi, je donne. Alors que j'ai vécu avec un salaire d'employé de mairie à 1 400 euros par mois.

Lors de l'été 2024, le maire de Villa Castelli est venu en Normandie pour mettre en place un jumelage avec ma commune de Pont-Audemer. J'ai eu le plaisir de faire visiter notre village normand à Luis Orquera, avec qui je m'entends très bien même si je ne comprends pas l'espagnol et qu'il ne parle pas le français. On échange avec les mains, et les sourires. C'était seulement son second voyage en France. Il a été parfaitement reçu par la mairie de Pont-Audemer. Je suis satisfait, car c'est dans la continuité de mon action à Villa Castelli. J'y retourne en mai 2025.

Grâce à ma relation amicale avec les Argentins, une stèle à la mémoire d'Alexis et les neuf autres victimes est entretenue et fleurie quotidiennement, sur les lieux du crash. Lors de notre première visite, nous avions improvisé un mausolée avec des photos d'Alexis et de Célie, une statuette d'ange. Comme une petite chapelle. Les habitants m'avaient alors promis de la préserver, et cela fait dix ans qu'ils tiennent parole.

J'ai lié de nombreuses amitiés à Villa Castelli. J'ai toujours beaucoup de peine de découvrir leurs conditions de vie. C'est si pauvre. Ce sont les oubliés de l'Argentine. Leur village est tellement loin de tout qu'ils sont des laissés-pour-compte. Ils vivent surtout de la culture locale. Je n'y ai pas goûté, mais leur vin est réputé. Malheureusement, à cause de l'inaccessibilité, ils ne peuvent s'enrichir de la beauté du paysage. Pourtant, la flore est d'une splendeur rarement égalée. La mentalité, aussi, est différente, comme dans tous les peuples qui n'ont pas été gangrenés par l'argent. La famille occupe une place considérable. Avec leurs poches percées et leurs vêtements rafistolés, ils sont plus généreux que nous qui avons tout. Ils se plient en quatre pour offrir de bons repas à leurs visiteurs. Pour me loger, ils n'hésitent jamais à me proposer leur chambre, même si ça doit les contraindre à dormir chez leur voisin ! Connaissez-vous beaucoup de gens qui font ça, en France ? À Villa Castelli, je n'ai jamais vu des types se battre parce que l'un a coupé la route de l'autre en voiture.

Ici, je me sens bien. Quand j'y vais, j'y reste généralement un mois. C'est paradoxal, car ce village est à la fois l'expression de ma peine et mon rayon de soleil. C'est peut-être l'étoile d'Alexis qui m'envoie des ondes positives.

Parfois, je me dis que c'est la dernière année, que je vais mettre fin à l'association et ces voyages éreintants. Je m'interroge sur le sens de cette mission que je me suis attribuée. Et puis, dès que j'arrive à La Rioja – le sourire des gens, la simplicité de l'instant, la sérénité du paysage –, mes doutes s'évaporent. Je ne cesserai jamais d'y retourner. Nos cœurs meurtris sont jumelés pour la vie.

Plus je donne d'argent, plus je reçois d'amour. Peut-être trouverez-vous cela idiot, mais ça me fait du bien.

La dernière fois, au milieu du champ de poussière et de larmes, j'ai été interviewé par une radio locale. Le journaliste était curieux de voir un Français s'intéresser autant à cette population désœuvrée. J'en ai profité pour lancer un appel au plus célèbre des Argentins :

— J'espère que Lionel Messi m'entend… ou peut-être quelqu'un de son entourage ? J'aimerais lui passer un message. Ici, dans son pays, en Argentine, il existe un petit village qui a besoin d'aide. Je ne demande pas grand-chose, quelques centaines d'euros pourraient beaucoup nous aider. Pour vous, ce n'est rien, si ?

Depuis dix ans, je fais tout, tout seul. Pas une seule fois je n'ai reçu du soutien extérieur. Cela m'attriste beaucoup. Pourquoi couvre-t-on de gloire les grands champions si c'est pour les oublier après leur mort ?

Seule la maman de Camille Muffat m'a offert l'une de ses tenues de natation pour l'association.

J'ai beaucoup apprécié. Teddy Riner et Nikola Karabatic m'ont également offert un kimono et un maillot dédicacés que j'ai vendus aux enchères.

Alexis et ses neuf amis.

Quand j'ai choisi ce nom, c'était par pur respect des autres familles endeuillées.

Désormais, je n'ai plus aucun contact.

Je respecte beaucoup Florence Arthaud, mais j'ai eu l'impression que son frère nous prenait de haut, comme s'il se sentait supérieur socialement à nous, pauvres gens du peuple. Il est toujours resté dans son coin, tant pis. Moi, je fais ce qui me semble bon. Si je suis seul, je reste seul, mais je fais le bien autour de moi. Autant que je peux. Le sourire des enfants argentins est la seule récompense que j'attends. Avant de mourir, j'aurai fait quelque chose de bien dans mon existence. C'est ce que je me dis, souvent, quand j'ai du mal à me lever le matin ou à fermer les yeux la nuit.

J'ai échangé avec les familles des techniciens de la société de production, qui sont aussi décédés dans l'accident. Un jour, alors que nous avions une réunion, une mère me fait savoir qu'elle serait ravie de m'accompagner en Argentine. Enfin un peu de soutien et de baume au cœur. Je lui explique les modalités. Et je suis tombé de haut quand elle m'a répondu :

— Bon, et qui paye le billet ?

— Madame, je finance tous mes voyages de ma poche. Vous imaginez bien que si je prélève 3 000 euros sur le faible budget de l'association, nous n'aurons plus rien à donner aux enfants argentins.

— Alors, je ne peux pas venir…

C'est la France. Quand on parle d'argent, il n'y a plus personne. C'est le nerf de la guerre et je trouve ça tellement désolant.

Tant pis. Je me débrouille seul. Même ma femme a toujours refusé de m'accompagner. C'est peut-être ce qui m'a le plus déçu.

Le coup de poignard le plus aiguisé que j'ai reçu dans ma vie et vécu comme une trahison à notre famille, c'était lors d'un énième voyage en Argentine. J'étais seul, comme d'habitude. J'avais proposé à Sylvie de venir et elle avait refusé, une fois de plus. Le jour de mon arrivée à Villa Castelli, harassé du long périple qui m'avait fait traverser le pays, je découvre sur un réseau social qu'elle était en vacances dans le sud de la France avec ses copines. J'étais écœuré. Désenchanté. Peiné. Qu'elle préfère aller en vacances, plutôt que de rendre hommage à son propre fils, ça m'a fait tellement mal.

Je suis souvent chamboulé. Grâce à ma foi en Dieu, je sais que nos enfants restent à notre écoute, dans l'autre vie qu'ils mènent, quelque part, dans un ailleurs inconnu. C'est comme le karma. Si tu fais du mal à quelqu'un dans ta vie, tôt ou tard, tu le payeras. Le revers de la médaille revient toujours à la tête des malfaisants, comme un boomerang. Moi, Alain Vastine, je ne suis pas un saint. Quand j'étais jeune, j'ai fait des conneries. Depuis de longues années, je m'efforce de remonter la pente en ayant une attitude respectueuse, et surtout, d'aider mon prochain. Je m'inspire de la philosophie de mon fils Alexis. Quand je marchais avec lui dans la rue, je le voyais toujours glisser une pièce dans la coupelle des mendiants. Désormais, je l'imite. Systématiquement. En pensant à lui. Car je sais qu'il doit être heureux de me voir agir ainsi dans son prolongement. Alexis était très généreux. Je me souviens de son retour du Niger. Il était en short. Sa valise et son sac à dos étaient vides. Vêtements, chaussures, produits de toilette, stylos… il avait tout offert à la population locale. Cela n'a rien à voir, mais à l'âge de sept ans, il s'était cassé une dent à la patinoire, car il s'était jeté en avant pour éviter d'entrer en collision avec un enfant plus petit que lui.

Célie était aussi très sensible. Voir des gens pauvres ou mal habillés la rendait toujours malheureuse. Mes enfants me poussent à continuer. Tôt ou tard, je me dis que je serai récompensé. D'ailleurs, j'espère remporter mon procès contre la société de production. Cet argent me servirait à aider encore plus les habitants de Villa Castelli. Mais il était hors de question d'attendre la fin de l'épreuve judiciaire pour bouger une oreille. J'ai tout donné pour ces gens, avec mes propres moyens. C'est trop facile d'attendre que l'argent tombe du ciel. Je ne sais même pas si je vais gagner le procès.

Au fil des ans, je me suis mieux organisé. En France, tout est plus cher qu'en Argentine. Et surtout, il y a les frais de douane, prohibitifs. Désormais, je n'achète plus de matériel en France. Je bloque l'argent sur un compte, puis, une fois en Amérique du Sud, je fais les « courses ». C'est particulièrement avantageux pour les chaussures, car « Puma » a une usine à La Rioja. Grâce au coût de la vie nettement plus bas qu'en France, j'ai eu les moyens d'acheter beaucoup plus de paires de chaussures. En Argentine, le salaire minimum est autour des 250 euros mensuels. Un trajet lambda en taxi revient à deux ou trois euros. En France, les prix pratiqués sont hallucinants. Il y a quelques jours, j'avais la berlue devant le compteur de la voiture qui m'emmenait de l'Insep, à Vincennes, à l'aéroport Charles-de-Gaulle. 130 euros ! Pour un seul trajet ? C'est grave. Idem pour les hôtels qui assassinent les gens de leurs tarifs exorbitants. Le monde est devenu insensé.

La première fois que je suis passé à la douane avec du matériel pour l'école de Villa Castelli, j'ai eu mal au cœur en découvrant les taxes que l'on m'imposait de payer. L'État va-t-il si mal pour grignoter de l'argent à un homme qui ne voyage que pour aider de pauvres gamins à l'autre bout de la planète ? C'est le monde à l'envers. Normalement, ce serait aux pouvoirs publics de fournir des ordinateurs aux écoliers, pas à moi. Et pour me remercier de mon aide, on me fait passer à la caisse. C'est déplorable. Déprimant.

Comme vous le sentez au fil des lignes, j'ai beaucoup de colère et de résignation en moi.

Avec les enfants, j'échange avec les mains. Je suis trop âgé pour apprendre l'espagnol. Je n'y arriverais pas. Je sais simplement dire *gracias*. Parfois, je reçois sur mon téléphone des messages dans la langue de Cervantès, mais je n'y comprends rien. Je réponds toujours : « Désolé, mais je ne parle pas espagnol. »

Même quand j'organise un gala de boxe, les bénéfices sont maigres. Lors du dernier en date – malgré 1 050 entrées – une fois que j'avais payé les athlètes, la sécurité et les taxes de la fédération et du comité, il me restait 200 euros de bénéfices. C'est démotivant. Aux débuts de l'association, Sylvain Wiltord avait participé à un tournoi de foot organisé à Pont-Audemer, avec Ladji Doucouré et Muriel Hurtis. La recette du match, à hauteur de 4 000 euros, avait contribué aux premiers investissements pour l'école.

Que ce soit TF1, la société de production ALP, la Fédération française de boxe ou le Comité olympique, français ou international, personne ne m'a jamais donné un centime pour financer l'association. Le pire, à mes yeux, c'est la télévision. Coupable ou pas coupable, quand on est humain, on participe, on échange, on communique. Les dirigeants de cette chaîne n'ont pas un cœur, ils ont un tiroir-caisse. En dix ans, ils ne nous ont pas versé le moindre centime pour l'association. Je ne demande pas de l'argent pour me vautrer dans le luxe. Qu'ils viennent voir dans quelles conditions je vis aujourd'hui ! Ce que j'attendais de leur part, c'était de participer au financement d'« Alexis et ses neuf amis », pour que ces décès ne soient pas vains et qu'ils permettent aux écoliers de Villa Castelli d'imaginer un avenir un peu moins noir. Pas un centime ! En dix ans ! Avec tout l'argent qu'ils brassent au quotidien… Moi qui n'ai rien, j'ai tant donné… J'aimerais me retrouver, un jour, face au PDG de la chaîne privée. J'ai beau être un boxeur, il n'a pas à s'inquiéter. Je resterais calme. Posé. Mais je lui dirais : « Vous êtes dans votre droit. Mais moi, monsieur, je peux me regarder dans une glace tous les soirs. Moi, je suis fier de moi. Et vous ? Le jour où vous décéderez, que laisserez-vous derrière votre dos ? L'argent récolté grâce aux audiences télévisées ? Moi, les gamins argentins ne m'oublieront jamais. »

Je sais que cela se tarira un jour. Quand je ne serai plus là, personne ne reprendra le flambeau de l'association. Désormais, les jeunes s'occupent de leur propre vie. Après la diffusion d'un documentaire[1] de France 3 qui expliquait mon travail pour le village argentin, j'ai lancé une quête. Savez-vous combien j'ai récolté ? 40 euros. C'est le nouveau monde. J'ai des copains qui sont riches, que je considère comme des frères, mais ce n'est pas pour autant qu'ils donnent de l'argent. Cela dit, je n'en veux à personne. Dieu soit loué, je suis la seule personne de mon cercle à avoir vécu la catastrophe de perdre deux enfants. Dans mon cas, on voit le monde différemment. Autrefois, je réagissais comme eux. Je ne donnais pas un euro à qui que ce soit. Mon fils m'a donné le déclic d'aider les autres. C'est ma dernière mission sur Terre.

---

1 *Alain Vastine, Toujours debout,* réalisé par Arnaud Romera, avril 2024.

5

MES ENFANTS, NÉS POUR ÊTRE CHAMPIONS

La boxe a permis à mes enfants d'être bien éduqués. Ils n'ont jamais vu un gendarme de leur vie. La boxe, ça cadre. On dit toujours : « Dis-moi qui tu fréquentes, je te dirai qui tu es. » Quand on vit avec des athlètes, on est sportif. Quand on traîne avec des délinquants, on est soi-même un voyou. À force de passer des heures à la salle de boxe, mes enfants n'ont jamais erré dans la rue. Le sport est un pilier de la jeunesse. De surcroît, la boxe est un pan de l'éducation. Cela dépend des entraîneurs, mais moi, je n'ai jamais plaisanté avec mes athlètes. Les enfants doivent comprendre qui est le patron, et que les règles existent pour être respectées. Si un boxeur entre dans la salle avec une casquette sur la tête, je lui enjoins instantanément à la retirer, par politesse. Idem pour ceux qui ne disent pas bonjour. Je suis sidéré de voir des collégiens pénétrer dans le gymnase avec leur professeur de sport sans saluer les personnes présentes. Le prof a-t-il oublié sa première mission ? Pourquoi ne demande-t-il pas à ses élèves de dire « bonjour, monsieur » ? Alors souvent, je les reprends moi-même. Ce laxisme me révolte. Les principes d'éducation ont tellement évolué. J'ai été élevé à la dure, à l'ancienne. Mes parents ne plaisantaient pas avec la politesse. De nos jours, en France, on tue comme on achète une baguette de pain, pour des motifs dérisoires. Un mauvais regard, et on vous plante un couteau dans la poitrine. La peur du gendarme ou le respect de la police ont disparu.

Auparavant, on pouvait trouver refuge dans une gendarmerie ou un poste de police. Désormais, avec le plan Vigipirate, ils sont barricadés ! Il faut sonner puis montrer patte blanche. Imaginez donc si vous êtes poursuivi par un criminel… le temps de décliner votre identité auprès du secrétariat, vous êtes mort !

Pour stopper la délinquance, j'ai une idée radicale : envoyons nos jeunes dans des camps militaires ou dans la légion. La rigueur de l'armée remettrait bien des idées en place.

J'encadre toujours des boxeurs, dès l'âge de six ans. Mais ce n'est pas comme quand j'entraînais les miens. Avec mes enfants, j'étais deux fois plus dur qu'avec les autres. C'est pour cette raison que la réussite du clan Vastine a été exceptionnelle. S'il ne veut pas finir en cabane, un prof ne peut pas se permettre de gifler son élève. Moi, j'étais l'entraîneur de mes enfants, mais aussi leur père, donc je faisais ce qui me paraissait juste. Et je ne me préoccupais pas des commentaires, même si j'en percevais l'acerbité. « Il est cinglé, le père Vastine avec ses gamins. » Combien de fois n'ai-je pas entendu cette remarque au détour d'un gala de boxe ? Et les mêmes qui vilipendaient ma méthode deviendraient mes plus grands thuriféraires quand Adriani serait sacré champion d'Europe ou Alexis médaillé olympique. Sans rigueur, le sport n'est rien. Je n'ai pas élevé mes enfants durement pour le plaisir. J'avais mes raisons. Je ne leur ai jamais laissé la moindre marge de manœuvre pour déraper. À la sortie de l'école, si l'un d'eux avait cinq minutes de retard, je me ruais dans l'établissement pour le récupérer. Un jour, ils étaient encore en classe, car leur professeur avait débordé sur l'horaire.

— Que se passe-t-il, M. Vastine ?

— Je viens récupérer mon enfant.

— Veuillez m'excuser, nous avons pris quelques minutes de retard.

— C'est pas grave, je prends mon fils et on y va. C'est l'heure de la boxe, là !

Une fois encore, mes oreilles sifflaient. Aux yeux de l'Éducation nationale, j'étais aussi un taré.

De mon point de vue, le cadre, c'est le cadre. On n'a rien sans rien. Et aujourd'hui, je ne regrette pas mon passé. Tous les boxeurs qui ont accepté ma rigueur ont triomphé sur les rings. J'avais une élève exceptionnellement douée : championne d'Europe, championne du monde universitaire. Malheureusement, son père a mis son nez dans mes entraînements et elle a fini par arrêter. Bien sûr, depuis qu'elle m'a quitté, on n'entend plus parler d'elle.

Il m'arrive d'en parler à Adriani, mon premier fils. Même s'il concède que son enfance était trop centrée sur la boxe, il ne le déplore pas. Il a conscience d'avoir voyagé grâce à notre sport. Avec son frère, ils ont visité toute l'étendue du planisphère. Russie, Asie, Afrique, les îles, le Mexique, les États-Unis, le Brésil… Partout, partout, partout. Celui qui ne veut pas faire de sacrifices restera champion de Normandie toute sa vie. C'est vrai que leur quotidien d'enfant et d'adolescent était difficile. Mais une fois l'équipe de France intégrée, ils ont eu le privilège de dormir dans des hôtels cinq étoiles à la moindre compétition.

Je parle beaucoup et souvent d'Alexis, qui est l'étendard de la famille, mais je suis aussi très fier d'Adriani. Septuple champion de France ! Sans compter tous ses titres en cadets, juniors... Il a gagné dans trois catégories différentes, ce qui n'est pas donné à tout le monde. Trois fois en super-légers, deux fois en welters, et deux fois en poids moyens. Il boxait pourtant face à une redoutable concurrence. Il a obtenu une médaille aux championnats d'Europe. Une médaille d'or aux Jeux méditerranéens. J'ai énormément de respect pour la carrière sportive de mon grand.

Je peux réciter de tête le palmarès de tous mes enfants.

Ils s'appellent Cindy, Adriani, Alexis, Cassie, Célie. On ne voulait que des noms qui finissaient par « i ». C'est étrange, mais c'est ainsi. Alexis, j'avais prévu de l'appeler Giovanni, mais Sylvie n'a pas voulu. Je me souviens de sa naissance. Au départ de ma femme pour la maternité, j'étais à Rodez. À l'époque, j'y travaillais les week-ends en qualité de videur en discothèque. Cela nous aidait à boucler nos fins de mois, car mon salaire d'employé municipal ne pesait pas lourd, et Sylvie élevait les enfants à la maison. Après avoir été informé du raccourcissement entre chaque contraction de mon épouse, j'ai roulé, roulé avant d'arriver juste à temps pour assister à la mise au monde de mon troisième enfant. Alexis pesait 4,390 kg. C'était un nourrisson très calme à la peau excessivement douce. Dès ses premières heures, il était un magnifique bébé. Mes enfants sont tous beaux physiquement. J'en ai eu cinq et même si je suis parfois arrivé en dernière minute, je n'ai manqué aucun accouchement. J'ai toujours adoré les bébés.

Mon aînée Cindy restera dans les annales, car elle a participé aux tout premiers championnats du monde féminins, en 2001, aux États-Unis. Elle a atteint le stade des quarts de finale, comme sa sœur Célie en Junior. Elle a été sacrée trois fois championne de France dans trois catégories différentes. Qui peut en dire autant ? Dans sa jeunesse, elle a battu deux fois Sarah Ourahmoune, vice-championne olympique à Rio. Vous vous rendez compte ? Ah, si elle avait voulu... Cindy avait une ceinture de championne du monde dans les gants, c'est certain. À deux touches près, en 2004 à Douai, elle battait la future championne du monde en titre.

Je visionne souvent les combats d'Alexis. Je les projette aussi à mes jeunes boxeurs, afin qu'ils s'inspirent de sa technique. Alexis, c'était quelqu'un. 164 combats au niveau international, et 142 victoires. Et je ne compte pas les vols arbitraux...

Quand je revois Alexis boxer en vidéo, je me dis : quel gâchis. Quel gâchis, et quel travail gaspillé. Dès l'âge de six ans, je me tenais sur les genoux afin d'être à sa hauteur, pour l'entraîner. Je lui apprenais le déplacement, le coup d'œil, le toucher. Comme une abeille : *tu piques et tu t'en vas*. Certains jours, il rechignait, presque en pleurnichant, comme peut le faire n'importe quel enfant de son âge. Je sortais une pièce de ma poche.

— Tu veux des bonbons ?

— Oui, papa.

— Alors, tu suis ta leçon de boxe. Une demi-heure, et tu t'en vas acheter tes bonbons.

Et c'était reparti !

J'avais usé de la même technique avec Adriani. Mes enfants n'ont pas choisi de pratiquer la boxe. Je leur ai imposé. Avec le temps et le goût de la compétition, ils ont aimé cela autant que moi. Les premières années, Alexis cumulait foot et boxe, car c'était un mordu du ballon rond. Il a fini par arrêter pour se consacrer à son art.

Mes deux fils étaient de grands sportifs. À l'école, ils remportaient toujours le cross. Dès leur naissance, j'avais décidé que je ferais d'eux des champions. Pour Cindy, c'est arrivé un peu plus tard. Quand la Fédération française a ouvert une catégorie féminine, elle a rejoint ses petits frères à l'entraînement.

En boxe éducative[1] Alexis a participé à plus de 80 assauts et en a gagné 70. Il disposait déjà d'un don. À 13 ans, la fédération l'a interdit de participer aux championnats de France de boxe éducative. Le motif ? « Trop précis. » C'était dangereux pour les autres ! Il a toujours été en avance, au point qu'il a participé à son premier combat à l'âge de six ans – ce qui était formellement interdit – en utilisant la licence de son frère. Alexis et Adriani se ressemblaient trait pour trait, mais j'ai été dénoncé et sanctionné. Il faut croire que nous étions des précurseurs, car désormais, la première licence est délivrée à six ans. Mon petit gars avait perdu les deux premiers assauts, avant de se mettre à gagner, gagner et gagner. D'année en année, il m'étonnait. Il savait tout faire ! À huit ans, mes enfants avaient déjà trois entraînements par semaine, puis on s'entassait dans la voiture chaque week-end pour des compétitions à travers la France. La boxe rythmait notre vie entière. Il nous est arrivé de rouler comme des mules toute la nuit, si Alexis avait une compétition dans le Nord le samedi, et Adriani un tournoi dans le sud le dimanche. On était épuisés, mais j'en garde des souvenirs exceptionnels.

1 Pratique adaptée aux jeunes enfants, puisqu'il s'agit de placer des coups peu appuyés, sans violence, sans nuire à l'adversaire. La technique et l'intelligence sont plus importantes que la force et la puissance des coups.

Je me souviens du premier combat d'Alexis. C'était le 19 mai 2001, contre Jean-Pierre Querre, un boxeur de Monsieur Mauriac, le formateur des frères Tiozzo. Par ce premier combat, je voulais simplement tester mon fils, et je me suis vite aperçu qu'il était déjà meilleur que des boxeurs chevronnés de niveau régional. Dès la première reprise, Alexis – qui pesait 52 kg – a imposé sa boxe et dominé son adversaire. Sur ses vingt-six premiers combats, il a perdu une seule fois. Souvent, le match était stoppé par les arbitres, car Alex avait plus de vingt points d'avance, c'est la règle. Moins d'un an après ses débuts, il a disputé et perdu son premier combat international, en Irlande, contre Willie Casey. C'était le 25 janvier 2002. C'est fou comme mon cerveau embrumé oublie beaucoup de choses… mais pas ce qui concerne la boxe. La défaite contre Casey n'a pas découragé mon fils. Au contraire, elle lui a permis de spécifier ses entraînements afin d'être plus précis dans ses coups et plus fin tactiquement. Un an plus tard, mon fiston a remporté son premier championnat de France junior, à Charleville-Mézières, face à Younes Bouiksain. Quelle fierté… Mes yeux étaient teintés d'admiration de le voir voleter sur le ring avec tant d'agilité et de dextérité. Pendant le combat, je pensais : « Un jour, mon Alex sera champion du monde. »

Dès l'âge de 14 ans, il a intégré l'équipe de France junior, au pôle espoir de Vendôme. Adriani y était également. C'était loin de la maison, mais une étape indispensable dans leur formation. J'assurais les trajets allers-retours en voiture, 600 km, ça faisait une belle tirée, mais c'était pour la bonne cause : mes fils étaient des champions. Même à distance, j'ai suivi leur apprentissage, je téléphonais régulièrement, je me renseignais sur le contenu des entraînements. Mes garçons sont restés quatre ans à Vendôme avant d'intégrer l'Insep, le temple du sport niché dans le bois de Vincennes. Imaginez-vous ma fierté ? Certains rêvent que leurs enfants entrent en école de médecine. Moi, je les avais toujours imaginés avec l'élite du sport français. Mes deux petits gars, d'un coup. J'avais la sensation que Dieu était avec moi.

À Soissons, dans la ville où Clovis brisa jadis un célèbre vase sur la tête d'un général romain, Alexis a mis en pièces Abadila Hallab, pour conserver son titre de champion de France junior. Nous n'étions qu'en 2004 et Alexis régnait déjà sur la boxe tricolore. Il n'a pas tardé non plus à briller à l'international, en terminant demi-finaliste du championnat du monde junior de Jeju, en Corée du Sud. Après avoir survolé le tournoi, il a été mis au tapis par plus fort que lui. En quelques uppercuts bien sentis, l'Anglais Amir Kahn l'a mis KO dès la première reprise. À la revoyure !

Benjamin de l'équipe de France, Alexis était un petit génie de la boxe. Il a obtenu une médaille de bronze dès ses premiers championnats d'Europe, alors qu'il était seulement un adolescent. Sa première compétition en senior remonte à 2005, à Niamey, la capitale du Niger. C'est vertigineux, car je m'en souviens encore parfaitement, comme si cela venait de se produire. Il s'agissait des Jeux francophones, et il avait remporté la médaille d'or, contre le Roumain Elvis Suliman. Le bilan de ses jeunes années est fantasmagorique : tout ce que ses gants cognaient se transformait en or ! Alexis gagnait tout.

Avec le succès, Alex et Nini ont vraiment été atteints du virus de la boxe. En grandissant, ils ont appris à se fixer leurs propres objectifs de gloire. Dès qu'ils montaient sur le ring, ils avaient ça dans le sang. Acharnés. Depuis l'âge de six ans, ils n'avaient jamais manqué un entraînement. Initialement, leur assiduité n'était qu'une marque de respect envers leur père. Je ne leur laissais pas le choix. Parfois, il m'arrive de penser que je leur ai un peu pourri la vie, car je ne lâchais vraiment rien. Quel que soit leur argument, je refusais de raccourcir la moindre séance. Je m'en veux sans m'en vouloir. Si je ne leur avais pas imposé cette discipline, que seraient-ils devenus ? Pendant que j'étais strict, ils ne commettaient pas de bêtise. Je repensais parfois à mon enfance, horriblement dure, et je me réconfortais ainsi : si j'avais enduré tout ça, mes bézots[1] pouvaient bien le faire aussi. Sylvie, elle, prenait leur défense. Ma discipline l'agaçait profondément. J'étais intransigeant sur le moindre détail. S'ils mettaient trop de temps à s'habiller pour sortir, je leur hurlais dessus. J'aurais dû les prendre un peu plus souvent dans mes bras.

On ne partait presque jamais en vacances. Une seule fois, alors que Célie n'était encore qu'un petit bébé, nous sommes allés en Tunisie, à Hammamet, car le comité d'entreprise m'avait proposé un séjour à un prix convenable. On s'était baignés, c'était agréable. Je me souviens aussi de vacances à Gruissan, la première fois que les cinq frères et sœurs partageaient de vrais congés ensemble. Le soir de la mort d'Alexis, nous avons mouillé de nos larmes les albums-photos de ces instants de grâce. Sinon, nous n'avons jamais quitté la Normandie pendant les vacances scolaires. Les enfants jouaient dehors, ils ramassaient des pommes et du fumier. Ils étaient très complices, comme les cinq doigts de la main.

Cassie est la seule de mes cinq enfants à n'avoir jamais enfilé des gants de boxe. Elle a toujours refusé. Elle n'aimait pas donner des coups et encore

1 Mot normand qui signifie les enfants, souvent les « préférés ».

moins en prendre. C'est peut-être aussi celle qui a eu le plus de caractère pour m'opposer un « non » catégorique. Elle a joué un peu au rugby, sans plus.

Alors j'ai forcé ma petite dernière, Célie, à s'engouffrer dans la tradition familiale. Mais, à partir d'un certain âge, une fille est plus difficile à cadrer qu'un garçon. Je m'en veux toujours de ne pas avoir réussi à la convaincre de rejoindre l'Insep. Après Nini et Alex, elle aussi avait son ticket pour l'excellence... mais ne l'a jamais composté ! Enragé, je lui criais : « Des centaines de sportifs paieraient pour être à ta place, et toi tu refuses ? » Elle préférait la fête à la discipline et a gâché son potentiel de championne. Elle avait le même don qu'Alexis. Dès l'âge de 7 ans, elle boxait avec talent, et exactement le même style qu'Alexis. La gémellité de leur boxe était presque troublante. Je savais que je tenais là une nouvelle perle, encore une Vastine qui allait faire chavirer les foules. En trente assauts de boxe éducative, elle en a remporté 27. En mai 2008, elle a été sacrée championne de France de boxe éducative en survolant la finale : 39-2 contre Soumaya Bouhlala. En catégorie – 60 kg, elle a atteint deux fois le stade des quarts de finale, aux championnats d'Europe et du monde juniors. Hélas, avant de toucher le Graal, elle est tombée dans la drogue à cause de mauvaises fréquentations, des types de Rouen qui ont gâché son existence. Adriani avait essayé de les écarter de son entourage, mais une fois prise dans l'engrenage… Elle a perdu beaucoup de poids. De 60 kg, elle était descendue à 46. Célie était championne de France et aimait sincèrement la boxe, mais cela représentait un loisir à ses yeux. Elle n'a pas su exploiter son talent en y ajoutant une bonne dose de discipline.

Peu de temps avant son accident mortel, Célie avait repris la boxe. J'avais le sentiment qu'elle remontait la pente. Je n'étais plus son entraîneur, ce qui me chagrinait, mais le plus important pour moi était de la voir renouer avec son don de boxeuse. Elle s'entraînait à Creil, dans l'Oise. Mon cœur de papa battait fort quand elle lâchait un rare compliment déguisé : « Tu sais, papa, leur entraînement à Paris, ça n'a rien à voir avec tes séances, c'est tellement moins complet, moins précis. »

Même en plein désert affectif, je me rappelle malgré tout les belles périodes de ma vie. Grâce à mes enfants, j'ai vécu des moments époustouflants. Adriani et Alexis n'avaient qu'un an d'écart. À chaque compétition, ils obtenaient des médailles. Quelle fierté ! À 18 ans, Alexis a fait plier le Guadeloupéen Xavier Noël, champion national en titre, en quarts de finale, et obtenu son premier titre de champion de France les doigts dans le nez. La phrase que j'entendais fréquemment à cette époque : « C'est qui ce gamin ? » Ce combat contre Noël, un boxeur olympien qui avait dix ans de plus que lui, est le déclic de l'ascension fulgurante d'Alexis Vastine. Quand mon fils est monté sur le ring de Laon, j'avais le regard du perdant. Je toisais les huit titres de champion de France de Noël, sa participation aux Jeux olympiques d'Athènes. Évidemment, je ne confiais pas mes doutes à Alexis. Je l'ai accompagné dans sa routine, comme d'habitude, en tartinant ses arcades, son nez, ses oreilles et son menton de vaseline, lui accrochant ses gants et lui projetant de l'eau glacée sur les muscles. Contrairement à la plupart des boxeurs, Alexis refusait d'être massé. Il me demandait d'aller chercher de l'eau gelée au bar du gymnase ou de la salle de sport, afin de faire réagir ses muscles, de provoquer ses réflexes. Avant un combat, Alexis se concentrait pendant deux bonnes heures dans le vestiaire. En silence, il s'allongeait sur le banc, la tête sur le sac, dans sa bulle. Quand je lui indiquais que c'était l'heure, il râlait puis se mettait en tenue, ajustait lui-même ses bandages. Puis il s'échauffait en *shadow boxing*[1], pour simuler le combat et faire monter son rythme cardiaque. Comme j'avais étudié le jeu de Xavier Noël, je lui ai glissé deux ou trois conseils :

1 Boxer dans le vide.

— Alexis, tu devras lever les mains, car on sait que ton adversaire est un *friteur*. Boxe de loin. Ne te bats pas avec lui. N'oppose pas de résistance. Profite de ta vitesse de bras, mon Alex, des retraits, boum boum, tu touches, tu t'en vas, tu touches, tu t'en vas.

Ce jour-là, pour tromper l'ennui d'une longue journée d'attente avant le combat (programmé à 22 h 30), nous étions allés au cinéma pour assister à la projection de… Kirikou ! Je ne sais pas comment on a choisi ce dessin animé. Peut-être rattrapait-on le temps perdu de l'enfance focalisée sur le sport de haut niveau. Autour de nous, il n'y avait que des bambins avec leurs parents. Ça piaillait, ça m'agaçait, mais Alex avait adoré, car l'ambiance du film lui rappelait les villages africains du Niger. On en avait reparlé avec le sourire, quelque temps avant son décès.

Ce soir-là, mon fils a ébloui le public en dominant le cador de la boxe en France, 25 touches à 15. Sur le ring, quelle vista ! Quelle qualité d'esquive ! Nous y avons gagné un rituel. Avant chaque combat, plutôt que de patienter à l'hôtel, nous irions désormais au cinéma.

Après ce succès de prestige, il fallait confirmer et remporter la demi-finale puis la finale. À dix-neuf ans, sur le ring de Saint-Quentin, Alexis devenait ainsi champion de France de boxe amateur, face à Jaoid Chiguer. L'un des plus beaux week-ends de ma vie, car Adriani a lui aussi remporté le titre national dans sa catégorie, contre Saber Bouzaiane.

Je n'ai jamais dit à mes fils à quel point ils étaient doués, même quand je le pensais très fort. Je ne voulais pas que leur tête se transforme en melon.

Toutefois, à l'âge de quinze ans, alors qu'Alexis réalisait l'une de ses plus belles séances d'entraînement, d'une intensité et d'une technicité à faire pâlir n'importe quel boxeur, je lui ai prédit qu'il deviendrait champion olympique. Écrire cette phrase me brise le cœur, car j'avais raison et que le destin l'en a empêché. À l'époque, nos voisins me prenaient pour un mythomane quand j'évoquais l'avenir doré de mon fils. *Comment tu peux le savoir ?* Je le voyais, c'était tout. Il m'épatait. Mon gamin anticipait tellement bien les gestes adverses. Il avait sans cesse un coup d'avance. Il était au-dessus du lot, le meilleur de mes enfants. Malgré tout, Adriani aurait lui aussi pu jouir d'une autre carrière, et remporter encore plus de titres. Mais il se cachait derrière son frère. Consciemment ou inconsciemment, il restait dans l'ombre de son cadet. La presse et les spectateurs débattaient seulement des performances d'Alexis, alors qu'Adriani enchaînait aussi les succès. À travers ce livre, je veux féliciter Adriani, car je sais que ce n'était pas évident à encaisser. Lui aussi travaillait dur. Lui aussi gagnait des combats et des ceintures. Adriani n'en a jamais voulu à Alexis. Il aimait son frère. Heureusement, ils ne boxaient pas dans la même catégorie. Dans ma manière de les entraîner et de les aimer, je n'ai fait aucune différence. D'ailleurs, Dominique Nato, le directeur technique national à l'époque, m'avait un jour alerté sur une éventuelle refonte de l'équipe de France.

— Je te préviens, Alain, si Adriani ne performe pas aux « France », je l'écarte de la sélection.

— T'es sérieux ?

— Oui…

— OK, alors si tu retires Adriani, moi je retire Alexis.

— Ne me fais pas ça.

— Alexis a besoin de son frère pour s'entraîner ! C'est encore moi le père, c'est moi qui commande.

Et cela n'a pas empêché Adriani d'être sacré champion de France. Je revois souvent les photos d'un championnat d'Europe qu'il a disputé avec la main cassée. Sans cette blessure, il aurait décroché la ceinture continentale. En demi-finale, il a refusé de jeter l'éponge et a boxé d'une seule main. C'était héroïque. Surtout qu'il a seulement perdu 14-9 face au futur champion d'Europe. Je me rappelle encore son commentaire en descendant du ring : « Papa, avec mes deux mains, je l'aurais enfumé ce Russe ! »

Adriani aurait pu accomplir des exploits encore plus grands, mais je suis fier de son parcours. Combien de boxeurs rivalisent avec son palmarès, dans trois catégories différentes ?

À Saint-Quentin, donc, mais aussi à Auxerre, mes deux garçons ont été sacrés champions de France en même temps. Ce sont les plus beaux moments de ma vie, au même titre que les coupes remportées par mes filles. La famille Vastine était redoutée dans tout le milieu de la boxe. Sur le territoire français, on n'était pas toujours les bienvenus. De vraies bêtes noires ! Les journalistes venaient systématiquement pour nous, cela suscitait de la jalousie. La plus belle année était 2009 : trois champions de France dans la famille. Cindy, Adriani et Alexis. Avec 600 habitants et huit licenciés, Fourmetot était le meilleur club de France !

Une année, j'avais même imposé un régime à Alexis et Adriani afin qu'ils inversent leur catégorie. Alex est descendu en – 54, pendant qu'Adriani montait en – 69. Devinez-vous le résultat ? Champions de France, l'un comme l'autre !

Désormais, quand l'un de mes boxeurs triomphe, je revis par procuration les instants de joie de cette époque bénie. Quand je vois mon poulain Mattéo Rivoual remporter la ceinture de la Garde républicaine, je positive un peu.

À la fin de chaque saison, j'établis un bilan de mes victoires et de mes défaites. Je me remets en question. C'est une étape indispensable pour la réussite de mes boxeurs. Moi, je veux toujours gagner, gagner, gagner. J'ai inculqué ces valeurs à mes enfants. Petits, ceux-ci pleuraient après une défaite et réclamaient leur revanche. Ils voulaient à tout prix combattre à nouveau contre celui qui avait osé les mettre au tapis. C'est l'esprit de gagne des Vastine. Toujours gagner, jamais perdre. Alexis serrait les dents en montant sur un ring. Il était tellement survolté qu'il m'arrivait de lui crier, dans mon coin, « Doucement, Alexis, tu ne vas pas tenir ! ». Il avait du respect pour ses rivaux au pied du ring. Une fois dans l'arène, c'était un lion qui mettait sa technique et sa rage au service d'une mission : détruire son adversaire.

Même s'il avait été champion olympique, je ne pense pas qu'Alexis serait passé professionnel comme l'a fait Tony Yoka. Il rêvait d'une autre vie, d'utiliser sa belle gueule de James Dean, sa fureur de vivre, sa personnalité et son charisme pour devenir acteur. Il ambitionnait d'intégrer la Comédie-Française et suivait des leçons d'art dramatique. Il suivait les courants de la mode, avait posé pour des magazines avec la danseuse Fauve Hautot, l'ex-Miss France Laury Thilleman, le cuisinier Jean Imbert et Laure Manaudou. Cela ne me plaisait pas vraiment. Je le suppliais de ne pas rejoindre ce milieu pourri par l'alcool et la drogue. En devenant acteur, j'avais peur qu'il fasse la fête en permanence. Le cinéma, ce n'est pas sain. Je croise souvent des acteurs en gala de boxe et je trouve qu'ils ont tendance à regarder le monde de haut. Ce n'est pas le cas de Pierre Niney qui est venu me voir à deux reprises à Pont-Audemer. Il a déjeuné avec moi, dans une brasserie passe-partout. À l'époque, il envisageait de tourner un biopic sur Alexis. Malheureusement, il n'a pas trouvé les financements nécessaires. C'est dommage, car j'aimerais que les gens comprennent à quel point mon fils a souffert dans la vie. Pierre Niney a l'allure et la prestance nécessaire pour jouer le rôle de mon fils.

Ce n'est bien sûr pas le cas non plus de Bruno Putzulu, notre star locale. L'acteur normand s'entraîne parfois à Pont-Audemer. Un jour, ma fille Cindy a repeint son visage avec un œil au beurre noir ! C'était gênant, car il commençait un tournage le lendemain. Une autre fois, il a failli m'inviter à déjeuner avec son ami Johnny Hallyday qui adorait la boxe. J'ai refusé. Je ne sais pas pourquoi, mais j'ai refusé. J'aurais peut-être préféré Belmondo.

J'avais déjà dîné avec Alain Delon. Il était très « moi, je ». C'était avec un bijoutier parisien, un membre de mon club, au Casino de Deauville. Mais je sais que Johnny avait projeté d'acheter une maison à Pont-Audemer. Il était passé devant un jour, et aurait lancé : « Tiens, je vais l'acheter. » Mais il n'y est jamais repassé et n'a jamais concrétisé sa pulsion. Il paraît qu'il était coutumier du fait.

Revenons à la boxe. En combat, à l'issue du premier round, si le score n'était pas en sa faveur, je houspillais Alexis comme du poisson pourri. « Mais pourquoi t'es aussi attentiste ? C'est à toi de faire le combat ! Attaque-le ! T'es largement supérieur à ce type ! » Néanmoins, j'avoue qu'au fil des ans, devant le niveau de boxe stratosphérique atteint par mon fils, je m'interrogeais sur ma véritable valeur ajoutée. Que pouvais-je encore lui apporter ? Comment le faire progresser ? Quels étaient les mots qui pouvaient le rendre encore meilleur ? Heureusement, on avait ce lien de père et de fils. Et surtout, on avait exactement la même vision de la boxe.

Alexis était un merveilleux technicien. Regardez son beau visage et vous comprendrez quelle était sa boxe. Malgré 200 combats, il n'était absolument pas marqué. C'est la preuve d'un boxeur qui est plus un technicien qu'un bagarreur. Ma philosophie de la boxe, c'est la technique, de beaux coups bien donnés. Comme l'écrivent les précepteurs cubains, le déplacement représente 80 % de la boxe. Tu bouges, tu touches et tu t'en vas. Pour ne pas être atteint, il faut savoir se mouvoir sur le ring. C'est à son élégance que je remarque le talent d'un boxeur.

Je ne compte pas le nombre de fois où Alex a fait lever la salle de Pont-Audemer. Je pourrais reproduire de mémoire ses plus beaux enchaînements. À la grande époque des frères et sœurs Vastine, on remplissait le gymnase. Plus de mille spectateurs, dès que l'un de mes enfants était engagé. Ce sont de beaux souvenirs. Les plus précieux. Y repenser me change les idées. On avait nos habitudes, nos manies, nos rituels, toujours à la même place dans le même vestiaire. Cindy et Célie n'allaient pas dans le vestiaire réservé aux filles. Elles se changeaient dans le « vestiaire Vastine ». Déjà, à l'époque, j'avais le pressentiment de vivre une époque dorée qui devrait prendre fin. Je ne pouvais pas imaginer à quel point la chute serait douloureuse. J'aurais préféré tomber de dix étages plutôt que de voir mes deux enfants mourir. Adriani aura été mon dernier enfant à boxer. Quand il a mis un terme à sa carrière professionnelle après cinq combats remportés, j'ai ressenti un vide immense. C'était terminé. Une grande part de ma vie s'envolait. La boxe en famille n'était plus qu'une marque du passé.

Seuls restent les souvenirs… et les trophées.

Palmarès de mes enfants :

Cindy Vastine

- Championne de Normandie ;
- Championne de France « boxe éducative » ;
- Championne de France Junior ;
- Championne de France plume ;
- Championne de France légère ;
- Championne de France super légère ;
- Quart-de-finaliste des championnats d'Europe ;
- Quart-de-finaliste des championnats du monde (États-Unis) ;
- Médaillée d'or au tournoi de Hongrie ;
- Médaillée de bronze au tournoi d'Italie ;
- Vainqueure France-Égypte ;
- Vainqueure France-Suède.

Adriani Vastine

- Champion de France Junior 2002 – 54 kg ;
- Médaillé de bronze au tournoi de Sardaigne Junior 2002 ;

- 1/8e de finale des championnats du monde junior 2002 à Cuba – 54 kg ;
- 1/16e de finale des championnats du monde 2006 à Mianyang ;
- Champion de France 2005 – 64 kg ;
- Champion de France 2006 – 64 kg ;
- Champion de France 2008 – 64 kg ;
- Champion de France 2009 – 69 kg ;
- Champion de France 2011 – 69 kg ;
- Champion de France 2013 – 75 kg ;
- Champion de France 2016 – 75 kg ;
- Vainqueur Coupe de France 2009 – 69 kg ;
- Vainqueur Coupe de France 2012 – 75 kg ;
- Médaillé d'or au tournoi méditerranéen 2005 à Almeria ;
- Médaillé d'or au tournoi de France 2005 à Bastia ;
- Médaillé d'or au tournoi de Lanzarote 2006 ;
- Médaillé d'or au tournoi de Vigo 2007 ;
- Médaillé d'or au tournoi de Minsk 2011 ;
- Médaillé d'argent au tournoi de Zagreb 2006 ;

- Médaillé d'argent au tournoi de Bucarest 2006 ;
- Médaillé d'argent au tournoi de Porto Rico 2007 ;
- Médaillé d'argent au tournoi de Tampere 2010 ;
- Médaillé de bronze au championnat d'Europe 2011 à Ankara ;
- Médaillé de bronze au tournoi d'Helsinki 2013 ;
- Vainqueur France-Cuba 2006 à Fréjus ;
- Vainqueur France-Suède 2011 aux Mureaux ;
- Vainqueur France-Irlande 2011 à Pont-Audemer ;
- Vainqueur France-États-Unis 2014 à Béziers.

Alexis Vastine

- Champion de France Junior 2003 ;
- Champion de France Junior 2004 ;
- Médaillé de bronze aux championnats du monde Junior 2004 ;
- Médaillé d'argent au tournoi de Francfort Junior 2004 ;
- Médaillé d'or au tournoi de Thessalonique Junior 2004 ;

- Médaillé de bronze au championnat d'Europe Junior 2005 ;
- Médaillé d'or au tournoi de Rome Junior 2005 ;
- Médaillé d'or au tournoi de Wloclawek Junior 2005 ;
- Médaillé d'or aux Jeux francophones 2005 ;
- Champion de France 2006 ;
- Médaillé d'argent au tournoi du Maroc 2006 ;
- Médaillé d'argent au tournoi de Debrecen 2006 ;
- Champion de France 2007 ;
- Médaillé d'or au tournoi des 4 Nations 2007 ;
- Médaillé de bronze aux Jeux olympiques de Pékin 2008 ;
- Champion du monde militaire 2008 ;
- Médaillé de bronze Coupe du monde de Moscou 2008 ;
- Champion de France 2009 ;
- Médaillé d'argent tournoi Debrecen 2009 ;
- Médaillé d'or aux Jeux méditerranéens de Pescara 2009 ;
- Médaillé d'or Coupe du monde de Bakou 2009 ;
- Vainqueur France-Cuba 2009 ;

- Champion du monde militaire 2010 ;
- Champion du monde WSB 2010 ;
- Vice-champion d'Europe 2010 ;
- Vainqueur France-Ukraine 2010 ;
- Médaillé d'or aux Jeux mondiaux militaires au Brésil 2011 ;
- Médaillé d'or au tournoi de Belgrade 2012 ;
- Médaillé d'argent au tournoi de Valencia Venezuela 2010 ;
- Quart-de-finaliste aux Jeux olympiques de Londres 2012 ;
- Champion du monde militaire 2014 ;
- Vainqueur de France-Italie 2014.

Célie Vastine

- Championne de France ;
- Quart-de-finaliste aux championnats du monde Junior ;
- Quart-de-finaliste aux championnats d'Europe Junior.

Enfin, voici mon propre palmarès.

Alain Vastine

- Champion de Normandie, 1979 ;
- Vice-champion de France 1981 ;
- Vice-champion de France 1982 ;
- Membre de l'équipe de France 1983 ;
- 106 combats amateurs – 10 combats professionnels.

6

ÉLEVÉ À LA DURE

Quand j'étais enfant, à huit ans, je tapais dans des sacs, dès que j'en avais l'opportunité. À l'école, quand on m'interrogeait, je n'avais qu'une seule réponse. Le noble art en guise de rempart à ma timidité.

— Alain, quel métier veux-tu exercer ?

— Boxeur !

— Pourquoi ?

— Parce que j'aime la boxe, et rien que la boxe.

C'est insensé, une telle vocation. De façon irrationnelle, j'étais programmé pour être boxeur. Bon, je n'ai pas accompli la carrière de mes enfants, mais j'ai quand même été un sportif professionnel. Je me rappelle les plus grands combats d'Alexis. Debout dans son coin, sous les cordes, je l'admirais en rêvassant : « Ah, si j'avais eu sa hargne et son talent ! » Sur le ring, mes enfants ont exaucé mes rêves. Employé municipal de la ville de Pont-Audemer, j'ai été deux fois vice-champion de France. J'en étais déjà fier. Mes enfants, eux, sont devenus les meilleurs de la planète boxe.

Pourtant, rien ne me prédestinait à être boxeur. Mon père ne l'était pas, en tout cas pas sur un ring.

Mon père était dur. Il buvait. Il tapait sur ma mère. Ça m'a traumatisé. Le soir, dès qu'il quittait son chantier, je tremblais comme un prunier. Je craignais qu'il la cogne une fois de plus, et que les cris déchirent encore la nuit. Je me suis juré que je ne boirais jamais la moindre goutte d'alcool. J'ai tenu parole. Je ne voulais pas prendre le risque de lui ressembler. Il est arrivé que, désespérée, ma mère se taillade les veines devant moi. Une terrifiante statistique affirme que les deux tiers des enfants témoins ou victimes de violence intrafamiliale deviennent eux-mêmes victimes ou bourreaux. Je me suis juré de ne pas devenir un mari violent. Je n'ai pas reproduit le modèle. Je n'ai jamais frappé ma femme.

J'étais tellement traumatisé que je n'ai jamais trempé mes lèvres dans le moindre verre de vin.

Dans notre village normand de Fourmetot, nous ne roulions pas sur l'or, mais nous ne manquions de rien. Sauf, peut-être, d'un peu plus d'amour.

Mon père frappait ma mère comme si elle représentait un adversaire sur un ring. Coups de poing, coups de boule. Comme si c'était un mec. Et sous les yeux de son petit garçon et de mes huit frères et sœurs, comme si c'était normal. Je lui en ai terriblement voulu. Désormais, paix à son âme, je ne ressens plus de haine à son égard, mais je ne comprendrai jamais comment il a pu lui infliger une telle souffrance. Ma mère a ressenti des douleurs tout au long de sa vie. Elle était une survivante. Même dans sa mort, elle a souffert. Atteinte d'un cancer, elle ne s'est pas alimentée pendant une année, tombant jusqu'au poids de 29 kilogrammes. Elle fumait encore. Je l'ai veillée jusqu'au bout, avec mon frère. À Noël et au jour de l'An, je dormais sur un matelas à côté de sa chambre. L'annonce de son décès m'a apaisé. Une vie de souffrances prenait fin.

Maman était mère au foyer. Mon père était maçon. À l'âge de quinze ans, j'ai quitté l'école pour travailler avec lui sur les chantiers. Une adolescence de labeur.

On n'était pas spécialement une famille de sportifs. Seule ma sœur Roselyne Vastine a performé en athlétisme. Elle a remporté Marseille-Cassis, des marathons, et a été sacrée championne de France de course à pied. Elle faisait partie de l'équipe de France.

Un autre membre de la famille me fascinait. Si vous aimez la boxe, peut-être avez-vous entendu parler de Pierre Langlois. C'était un boxeur de Pont-Audemer qui avait disputé un championnat du monde, en 1954 à San Francisco, contre Carl Bobo Olson. Un jour, mon père m'a appris que son frère était marié à la sœur de Langlois. J'étais donc apparenté par lointaine alliance à un vice-champion du monde de boxe ! Voilà une nouvelle qui allait décupler mes ardeurs. Bientôt, je chaussais les moufles de mobylette du paternel pour simuler des combats avec Hubert, mon frère. Sous l'œil amusé de notre père, au milieu du salon, nous frappions sans retenue, et les assauts étaient toujours noyés de larmes, car je ne vous cache pas qu'avec nos maigres protections, quand on en prenait une bonne, ça faisait mal. À l'âge de quinze ans, un copain m'a emmené au Boxing Club de Pont-Audemer et j'ai gravi les échelons, petit à petit. Je prenais une droite, je me relevais. Je tombais sous les coups d'un uppercut, j'en donnais un en retour. Je voulais combattre. Devenir quelqu'un. Mon père m'a toujours encouragé. Il assistait à chacun de mes combats. Il avait vite compris que je n'étais pas le genre d'homme à rester dans un bureau pour travailler, alors il a encouragé mon choix de carrière. Après avoir été membre de l'équipe de France avec Christophe Tiozzo, Thierry Jacob et Dominique Nato, je suis passé professionnel.

J'étais heureux dans ma nouvelle vie, comme si j'étais né pour être boxeur. J'ai pratiqué le football, le rugby et la course à pied, et j'avoue sans fard que j'étais bon partout. Néanmoins, aucun sport ne me procurait autant d'émotions que la boxe. Chacune de mes journées commençait par un footing de dix kilomètres. Dès que je passais devant la croix en pierre de Manneville-sur-Risle, je m'agenouillais et je priais. Je demandais à Dieu de m'octroyer la force de persévérer dans mon entraînement. J'en faisais parfois trop. Jusqu'à avoir la clavicule cassée à neuf reprises. J'étais prêt à me faire très mal pour devenir un champion. Quand j'étais jeune, je rejoignais Honfleur à mobylette pour m'entraîner plusieurs soirs par semaine. L'hiver, j'étais gelé pendant les quatre-vingts kilomètres aller-retour, mais j'étais déterminé. Quand on veut, on peut, ça vous dit quelque chose ? Je rêvais d'or olympique et d'égaler Marcel Cerdan, Jean-Claude Bouttier. Mes héros. Je suis devenu le boxeur français le mieux classé de l'année 1981. Hélas, contrairement à mes enfants, j'ai échoué en finale du championnat de France, à Villenave-d'Ornon, en Gironde, face à Antonio Vivarelli. Je boxais dans la catégorie des super-légers. L'année suivante, j'ai encore atteint la finale, mais le titre national s'est à nouveau refusé à moi. C'était à Évreux, face à Philippe Arrendel.

Dans la vie quotidienne, j'étais renfermé. Je ne pensais qu'à la boxe. Puis, j'ai rencontré ma femme au Café des sports de Pont-Audemer. Sylvie était une handballeuse de haut niveau.

Je n'étais pas le modèle de mes enfants, car ils ne m'ont jamais vu boxer. Quand ils ont eu l'âge de pratiquer un sport, j'ai tout arrêté pour me consacrer à leur carrière. Je n'étais pas du genre à leur afficher des posters de moi dans leur chambre. Ce qui comptait, ce n'était pas ce que j'avais fait, mais ce qu'ils allaient accomplir. À leurs yeux, je n'étais pas un champion, j'étais leur entraîneur. Quand mes enfants ont commencé à gagner et que les ceintures de champion pleuvaient au-dessus de nos têtes, des journalistes m'ont demandé si je n'étais pas jaloux de la réussite de mes enfants. C'est la question la plus stupide qu'on ne m'ait jamais posée. J'ai tout donné pour que mes enfants deviennent ce que je ne suis pas devenu, et réussissent là où j'ai échoué. Comment voulez-vous que je les jalouse ? Quand un champion cubain me confie qu'Alexis Vastine est son plus grand rival, comment voulez-vous que je sois envieux ? Pendant toutes ces années, et même encore aujourd'hui, mon sentiment le plus puissant est la fierté. Mes enfants m'ont offert les plus belles années de ma vie.

7

JO 2016 - L'OMBRE D'ALEXIS

Un an et demi après le décès d'Alexis, la France a brillé aux Jeux olympiques de Rio, lors des épreuves de boxe. Sans son accident mortel dans le pays voisin, l'Argentine, mon fils aurait été sacré champion olympique. Il avait repris sa préparation, était sur le bon chemin.

Lors de ces JO 2016, je n'ai pas regardé les combats de boxe. J'étais écœuré. Je savais que la France ferait un carton, et que mon Alexis n'en profiterait même pas. Un mois avant que la flamme olympique ne s'embrase près du Corcovado, l'assemblée générale de la Fédération internationale de boxe s'était réunie à Paris sous l'égide de son président. Et comme par hasard, les médailles se sont mises à pleuvoir sur l'équipe de France. Six ! Deux en or, deux en argent, deux en bronze. Du jamais-vu. Trop beau pour être vrai. Après ce qui était arrivé à Alexis, les juges ont tenté de se rattraper. Une façon de dire : on va contenter les Français, ainsi on ne les entendra plus geindre sur leur sort. Ah, nous pratiquons vraiment un sport merveilleux. Si vous connaissez la boxe, amusez-vous à revoir et analyser le combat de Tony Yoka en demi-finale, contre le Jordanien Hussein Iashaish. Je vous le dis comme je le pense, avec mes yeux d'entraîneur expérimenté : Yoka n'avait pas gagné. Le boxeur parisien ne l'avouera jamais, mais moi je le sais : il avait perdu. Soyons honnêtes. Les injustices et les iniquités sportives doivent se dénoncer même quand elles favorisent notre nation. Mettons-nous à la place du boxeur jordanien qui n'a aucune responsabilité dans l'injustice vécue par mon fils. On vole à l'un pour rendre aux autres, mais les victimes s'additionnent. Et de là où il est, Alexis ne peut pas se sentir réconforté parce que ses coéquipiers ont glané des médailles. Mon fils méritait l'or, et on l'a volé. Deux fois. Je ne pardonnerai jamais.

Cela dit, je n'ai rien contre Tony Yoka. Il n'est pas responsable de la corruption, même si celle-ci l'a avantagé. Le champion olympique 2016 a d'ailleurs souvent rendu hommage à mon fils, notamment en lui dédiant sa médaille d'or. Je l'en remercie. Tony a raté sa carrière professionnelle. C'est dommage, c'est déjà terminé pour lui. Il n'est pas un guerrier sur le ring. Il doute. À l'époque, j'avais conseillé à Estelle Mossely de faire appel à un préparateur mental pour son ex-mari. Dans la boxe pro, comment gagner sans aller au charbon ? Il manque de frappe. En super-lourds, ça ne pardonne pas. La technique ne fait pas tout. Et puis, je trouve qu'il n'a pas la classe d'un champion. Il ne sort pas du lot. Du reste, Alexis l'avait remarqué. « Tony a peur quand il monte sur le ring, tu te rends compte, papa ? », m'avait-il confié. Il ne se relèvera jamais.

2016, ce n'était que de la magouille. Comme toujours. Je n'arrivais pas à me réjouir pour la boxe française.

À Rio, si Alexis avait été encore en vie, il aurait été sacré champion olympique. Il avait tellement la rage. Moi, j'avais quand même peur d'une énième arnaque, car je crois en l'adage qui dit « jamais deux sans trois ». J'y pensais souvent. Les arbitres n'aiment pas que les athlètes dénoncent la corruption, alors je redoutais une vengeance de cette corporation. Un jour, un arbitre a eu la franchise de témoigner sur la réalité des trucages dans le milieu. Il en avait gros sur le cœur. Résultat, il a perdu son boulot. Viré. C'est l'omerta. Grâce à lui, j'ai compris comment tout cela fonctionnait. Jamais un ordre précis n'était donné de faire gagner tel ou tel boxeur. Mais, au cours de réunions précédant les compétitions, les responsables faisaient passer quelques consignes entre les lignes : « Ah, ce boxeur du Kazakhstan*, il nous apporte beaucoup. » Ou encore : « La Fédération italienne* (*le nom des pays a été inventé*) n'est pas très présente. » Le sous-texte était : faites gagner le premier face au second. Et ils en faisaient des tonnes sur les possibilités d'avancement des juges-arbitres.

8

FLASHBACK - LE SCANDALE DE PÉKIN

« Non, mais non ! J'ose pas le croire », hurle mon petit garçon, en larmes, dans son coin bleu.

Mon pauvre Alexis avait travaillé dur pour être au niveau des meilleurs du monde et devenir champion olympique, à Pékin, en 2008. Il s'était qualifié aux États-Unis, lors de ses premiers championnats du monde amateurs en senior, en 2007. À Chicago, Alexis Vastine n'était encore qu'un espoir de la boxe tricolore, dans l'ombre de Jérôme Thomas, vice-champion olympique à Athènes et médaillé de bronze à Sydney. Il avait connu une petite alerte, lors du tournoi de Constanza en Roumanie, en s'inclinant devant le Bulgare Georgiev (21-15). Après un stage de préparation à Porto Rico, il savait ce qu'il devait faire pour obtenir son ticket olympique : atteindre les quarts de finale. « Papa, j'ai bossé comme un dingue. J'ai travaillé ma précision et ma vitesse. » Dans l'Illinois, Alexis a renversé la table en éliminant au premier tour le champion du monde en titre, l'Ouzbek Dilshod Mahmudov (28-27), puis l'Ougandais Adwards Akora, et enfin le Moldave Vasilii Belous. Il existe dans la vie des souvenirs de coups de téléphone heureux. « Papa, c'est fait ! Je vais à Pékin ! » Au fond de moi, j'exultais, car mon gamin réalisait son rêve – et le mien –, mais j'avais conservé la froideur du coach, pour lui répondre : « C'est bien, mais concentre-toi sur ton prochain combat. » Je ne voulais pas qu'il se relâche afin qu'il grimpe sur le podium du Mondial amateur, mais, blessé au dos, il a perdu en quart de finale contre le Britannique Bradley Saunders.

À peine majeur, mon fils a intégré l'équipe de France olympique et dit adieu aux délicieux pot-au-feu ou autres bœufs bourguignons de sa maman. Le régime était strict : viande blanche et légumes. Dominique Nato l'avait prévenu : « Avec les 286 meilleurs boxeurs de la planète, tous les adversaires seront dangereux. Il faudra prendre chaque match comme une finale. » Le jour de la cérémonie d'ouverture, la famille Vastine est réunie dans le salon familial pour apercevoir notre fils au cœur de la délégation tricolore, dans le Nid d'oiseau de Pékin. Son apparition dure une seconde, suffisante pour apprécier son sourire d'enfant qui exauce son rêve. Le lendemain, il nous a téléphoné pour partager ses émotions. « On nous a emmenés dans un bus jusqu'au grand gymnase, à quelques centaines de mètres du stade olympique. Là, pour patienter, j'ai mangé une banane, deux barres de Snickers et des fruits secs. Et nous avons attendu notre tour en regardant l'écran géant où se déroulait la cérémonie. Il y avait des stars partout, Kobe Bryant, Roger Federer, Michael Phelps... Quand le chiffre 123 s'est affiché sur le grand écran, c'était à nous, juste après les îles Salomon et avant la Pologne. Dans le tunnel qui mène à l'entrée du stade olympique, nous nous sommes mis à chanter *La Marseillaise*. J'avais le cœur qui battait fort. Devant il y avait Tony Estanguet, notre porte-drapeau. C'était magique, je tournais la tête dans tous les sens, je prenais des photos, j'en avais presque les larmes aux yeux. C'était magique, maman ! Je t'enverrai des photos. »

Le bonheur avant le désarroi.

Au Palais des sports des ouvriers de Pékin, 13 000 spectateurs suivent les débuts olympiques d'Alexis.

Au premier tour, mon fils écarte logiquement Egidijus Kavaliauskas, 13 touches à 2. Malgré tout, devant ma télévision, je recense tous les défauts qu'Alexis devra gommer s'il entend décrocher la breloque suprême. Brouillon, pressé, mais précis malgré tout de son crochet droit. Surtout, il virevolte dans tous les coins du ring, empêchant son adversaire – intrinsèquement plus faible – de l'atteindre.

En huitième de finale, un mauvais souvenir apparaît en guise de première embuscade dans notre ruée vers l'or. Un Anglais de Stockton-on-Tees : Bradley Saunders ! Vous vous souvenez du médaillé de bronze des Mondiaux 2007, qui avait battu Alexis à Chicago. Pas cette fois-ci. La mémoire de mon gamin lui a permis d'esquiver les coups favoris du Britannique. Vastine, 11. Saunders, 7. Revanche ! Et surtout, la qualification en quarts de finale. Encore un bras levé, et Alexis sera assuré de décrocher une médaille, car en boxe, il n'existe pas de petite finale pour le bronze – les deux battus des demi-finales sont décorés et montent sur le podium.

En quart de finale, Alexis combat contre Munkh-Erdene Uranchimeg, un Mongol aux belles références. Mon fils ne l'a pas laissé respirer. Quel combat ! Quelle boxe fluide et limpide ! Victoire 12 à 4. Mon fils grimpera sur le podium olympique. Il va réaliser son rêve, et le mien avec. Assis sur mon fauteuil, pile en face de mon téléviseur, je n'ai rien raté de ces JO. Évidemment, je ressens un pincement au cœur, car j'aurais aimé être dans son coin, pour l'encourager. Mais, au niveau national, je ne suis qu'un père, plus un coach, et personne ne m'a proposé de venir. C'est dommage, car les historiens de la boxe les plus pointilleux noteront qu'à chaque fois que l'équipe de France m'a convié pour donner un coup de main au staff de mon fils, il a remporté la médaille d'or. C'est véridique, mais peu importe. Dans mon fauteuil, je boxe avec mon fils. J'envoie des crochets et des uppercuts dans le vide, en même temps que lui. Je frappe simultanément, car je devine à l'avance ses mouvements. Ce n'est pas de la magie, c'est la filiation. Alexis et moi avons la même boxe. Je repense à toutes ces années d'efforts et de souffrance, de privation. Il n'a pas fait tout ça pour rien. C'est ce que je crois, en tout cas, au moment où Alexis est applaudi par le Palais des sports des ouvriers pour sa demi-finale, contre le boxeur dominicain Felix Diaz. Je sais que mon fils va se qualifier pour la finale et décrocher la médaille d'or. J'ai vu tous les combats depuis le début des JO. Alexis est le meilleur. En huitième de finale, Diaz est déjà passé ric-rac, face à l'Irlandais John Joe Joyce. 11 touches de chaque côté. Match nul. Et qualifié grâce à la décision des arbitres.

À l'issue de la première reprise, Alexis mène 4 touches à 2. Je suis détendu et méfiant. Dans notre sport, on peut survoler un combat et tomber

KO à la dernière seconde. Je l'ai toujours expliqué à mes enfants qui n'ont jamais abandonné une victoire par orgueil. Méfiant, aussi, car je vois que mon ami Dominique Nato, l'entraîneur de l'équipe de France, est exclu de son coin par l'arbitre. Étonnant. Comme s'il préparait son coup. Son adjoint, Kévinn Rabaud, se charge de donner les consignes à mon fils.

Au deuxième round, Diaz refuse le combat, mais Alexis touche quand même. Bravo, gamin ! Je suis impressionné par sa technique et sa concentration. Au début de la troisième reprise, Alex enchaîne les touches, mais l'arbitre le sanctionne, permettant au Dominicain d'engranger des points de pénalité. Je tique un peu devant ces avertissements incongrus, mais le score me rassure. 9 à 6 pour Vastine. Le monde va bientôt voir mon fils se qualifier pour la finale olympique, dès sa première participation. Dans mon salon normand, entouré de ma femme, mes enfants et une poignée de journalistes locaux, je m'anime autant que je m'inquiète. Je veux lui dire d'ajuster son jeu de jambes, mais Pékin, c'est trop loin. Il ne reste qu'une minute et demie, mais Felix Diaz se rebiffe. Le guerrier de Saint-Domingue touche. Deux fois. 9-8. Je tremble !

— Vas-y, Alexis ! Vas-y !

C'est la voix d'Adriani. Pendant que son frère crie, Alexis envoie une belle allongée du droit qui cambriole la mâchoire de l'impudent dominicain. 10-8. Nous allons gagner !

Alexis envoie une droite, esquivée par son rival, ce qui envoie mon fils au sol. Déséquilibré. Diaz touche encore. L'arbitre oublie de le sanctionner. Qu'à cela ne tienne, on est toujours devant. 10-9. Il reste trente secondes. Alexis assiège le coin blanc, il est Jules César quand Diaz est cantonné au rôle de Vercingétorix. Tenir bon, avec les honneurs en sachant qu'on va perdre contre plus fort que soi.

— C'est bon, Alex ! Tu le tiens !

En découvrant l'adversaire de son frère acculé, Adriani sait que la partie est gagnée. Ce qu'il ne sait pas, et que j'ignore aussi, c'est que l'arbitre a été acheté pour truquer le combat.

Les juges donnent une touche imaginaire à Diaz. 10-10.

À moins de trente secondes de la fin, l'arbitre inflige une nouvelle pénalité – incompréhensible – à mon fils infortuné. Rogelio Fortaleza – c'est le nom de l'arbitre philippin – a réussi son coup. Felix Diaz s'impose 12 à 10.

Deux avertissements imaginaires et quatre points de pénalité dans la dernière reprise… du jamais-vu.

Sous les yeux de Jacques Rogge, le président du CIO, et ceux du monde entier, mon fils est floué. L'esprit du sport, bafoué, au nom du business de la Fédération internationale de boxe. « C'est une honte, c'est une parodie de combat », réagit à chaud le journaliste spécialisé Arnaud Romera qui commente les JO en direct sur France 2.

Effondré devant ma télévision dans mon salon normand, je découvre les sanglots de mon fils durant sa première interview. « Je me suis bien fait voler, sans honte. J'ai pas fait un beau combat, mais je méritais ma victoire. Des années de travail et voilà une médaille de bronze… de merde. Je pensais qu'en tournoi on se faisait voler, mais qu'aux Jeux, avec les médias, ce n'était pas pareil. L'arbitre n'a même pas honte. Il l'avertit trois, quatre fois parce qu'il s'accroche, mais il ne lui a rien donné. »

Lisez bien ce qui suit : l'arbitre philippin a touché 15 000 euros pour truquer le combat. Un membre de la Fédération me l'a confirmé, mais ne l'a jamais révélé publiquement. « Il ne faut rien dire, cela va abîmer encore un peu plus l'image de la boxe », s'évertue-t-il à me répondre. On sacrifie donc éternellement un gamin pour l'image d'un sport qui n'a plus rien de noble ? Aujourd'hui, je m'en moque, et je l'écris pour la première fois. Un arbitre a été payé pour falsifier le résultat d'un match de boxe aux Jeux olympiques. C'est gravissime. Voilà ce que je réclame au CIO : la réhabilitation de mon fils. Le monde entier doit savoir qu'Alexis avait raison en pleurant sur le ring. Il s'est fait voler. Les preuves n'ont pas été dévoilées, mais elles existent. À l'époque, j'avais écrit à Jacques Rogge, mais il n'a jamais pris la peine de me répondre. Je vais peut-être expédier ce livre à son successeur. J'en veux terriblement à ceux qui ont triché par cupidité. Si mon fils avait été sacré champion olympique, il serait encore en vie et c'est lui qui écrirait ses mémoires à ma place. Alexis avait besoin d'argent, et c'est précisément pour cette raison qu'il a accepté de participer au jeu télévisé de TF1. Les tricheurs ont provoqué sa perte. Est-ce que ces gens-là dorment bien la nuit ? Moi, j'ai perdu un fils et le sommeil depuis dix ans. Je veux que les hauts dirigeants assument leur responsabilité et qu'ils décernent une médaille d'or à titre posthume à Alexis Vastine. Au Tour de France, on a bien déclassé Lance Armstrong. Et même aux JO, un lutteur iranien médaillé de bronze à Londres a récupéré la médaille d'or, dix ans plus tard, après le contrôle antidopage positif des deux concurrents qui le devançaient sur le podium.

À l'époque, celui qui est désormais le président de la Fédération française de boxe, Dominique Nato, était le directeur technique national de l'équipe de France et il n'avait pas été tendre avec les juges dans les médias : « Ce n'est pourtant pas mon habitude de contester l'arbitrage, mais là je suis écœuré, la fête est gâchée. [...] Cette semaine, il s'est passé des choses dégueulasses. Il y en a marre, il faut trouver un système qui permette d'attribuer la victoire au vrai vainqueur. [...] On donne la victoire en fonction du pays du boxeur, pas de son combat. Et la France est un petit pays de boxe. [...] Je viens de vivre les pires JO que j'ai connus. Avant, les juges influençaient les matches avec finesse. À Pékin, ils ne se sont même pas embarrassés. Il y a ici des juges malhonnêtes et d'autres incompétents, ça fait beaucoup. » En 2021, Dominique a été élu président de la Fédération française. Aujourd'hui, je l'appelle solennellement à rejoindre mon combat : réhabilitons Alexis Vastine !

Je me souviens du titre du journal *Le Parisien*, le lendemain de l'élimination : « Alexis Vastine éliminé par l'arbitre. » Une phrase tristement bien trouvée. *L'Équipe* avait aussi choisi son camp, le nôtre, en parlant de « scandale Vastine ».

À son retour en Normandie, Alexis a été interrogé par quantité de journalistes. J'ai gardé un exemplaire de *Liberté Dimanche* qui écrivait ceci, sous la plume de François-Xavier Rougeot :

« Elle pèse lourd cette médaille. Ce poids n'est pas celui de l'or, mais celui du bronze qui pend au cou d'Alexis Vastine. Ce bronze qui a tant fait jaser, aussi bien en dehors que dans le milieu de la boxe amateur, où la corruption guette à chaque coin de ring. Ce bronze qu'on lui ressasse à chaque coin de rue depuis cette mauvaise demi-finale olympique perdue par la faute d'un arbitre aujourd'hui radié de la profession. [...] Alexis a inauguré une plaque à son nom sur la façade de son école primaire. Sous son toit familial qui ne l'abrite que le quart de l'année aux dires de Sylvie, sa maman, il a retrouvé la quiétude de ses débuts, seulement troublée par les allées et venues de ses deux shih tzus Vaurien et Voyou, mais aussi par les courriers d'encouragement de ses fans olympiques. "Hier j'ai répondu à tous ceux qui m'ont écrit. Il y avait trente, quarante courriers, même de l'étranger, Belgique, Allemagne, Suisse, Suède, États-Unis. Il paraît même que les images de mon combat sont passées sur CNN." "Il en a même reçu de Miami", lance son père, ce père entraîneur que le petit Alexis, six ans, apprenti puncheur, a voulu imiter...

Quinze ans plus tard, les yeux bleus du champion brillent dans le lumineux séjour de la maison bâtie par son père, en surplomb de la vallée de la Risle. Empilé près de la longue table à manger, le paquetage d'Alexis : trois malles en plastique transparentes, blindées de linge propre soigneusement plié. Dessus, ses deux sacs de sport bleu et rouge estampillés équipe de France.

Mais finies les vacances, demain, l'Eurois reprend le chemin de la capitale. Il y rejoindra ses potes de l'Insep pour les heures d'entraînement quotidiennes. "Tant mieux, ça me manque. Je n'aime pas rester à ne rien faire, j'ai peur de tout reperdre..."

Entre deux morceaux de R'n'B, il assume, le sourire en coin, sa notoriété naissante, enchaînant les cérémonies protocolaires. Ça fait partie du jeu, des Jeux, rigole-t-il en répondant aux nombreuses sollicitations des journalistes, ceux-là mêmes qui l'ont obligé, pour les besoins d'un reportage vidéo, à visionner son fameux combat. "J'ai regardé un peu... sans regarder. Je n'ai pas trop envie, pas maintenant."

Mercredi, à l'invitation de son possible futur sponsor à trois bandes, Alexis a même foulé la pelouse du Stade de France, à la mi-temps de France-Serbie. Mais serrer la main de Thierry Henry ne change rien pour ce fan de la terreur latino Oscar de la Hoya, médaillé d'or aux JO de Barcelone et surnommé le Golden Boy...

Alexis rechaussera les gants dès demain, bien loin encore, dans son esprit, du clinquant de la boxe pro. "C'est vrai que c'est plus médiatique donc ça pourrait m'intéresser. Mais j'ai encore des choses à prouver en amateur." Les JO 2012 dans un coin de la tête. "Il ne faut pas vendre la peau de l'ours... il faut déjà que je me qualifie pour Londres." Il tentera en novembre de porter haut les couleurs du 121e régiment d'infanterie de Montlhéry qu'il a intégré l'an dernier aux championnats du monde militaire. "Je vais peut-être recroiser Diaz, on m'a dit qu'il était militaire." »

Malgré sa détresse, j'ai dit à Alexis de profiter de sa médaille de bronze, qui consacre son travail, et en appelle d'autres. « Elle est à nous ! », ce sont les premiers mots que je lui glisse à l'oreille quand je le retrouve à l'aéroport Charles-de-Gaulle. Avec son polo rose, il m'embrasse et salue les supporters français d'un pouce levé. Quelques minutes auparavant, j'ai félicité Jérôme Thomas pour ses troisièmes JO[1], et celui-ci m'a répondu : « C'est ton fils qui a été grand, Alain. Alex, il a été énorme. » Invité à participer à la parade des médaillés sur les Champs-Élysées, mon gamin a prévenu les organisateurs : « Si mon père ne m'accompagne pas, je ne viens pas. » Je ne l'ai jamais assez remercié pour ce cadeau inestimable. Au milieu des héros

1 Médaillé de bronze à Sydney et d'argent à Athènes, le boxeur de Saint-Quentin a été éliminé dès le premier tour à Pékin.

français (Alain Bernard, Julien Absalon, Nikola Karabatic…), j'ai entonné cent fois *La Marseillaise* et reçu les *bravi* destinés à mon fils, dont j'étais si fier. Dès que nous entendions son prénom, nous nous regardions. Complices. Un père et un fils.

Ensuite, nous avons été reçus à l'Élysée et je me souviens avoir vu mon fils se dresser sur la pointe des pieds pour apercevoir Nicolas Sarkozy, le président de la République. Nous découvrions un nouveau monde. Le sport est le plus formidable ascenseur social de la vie.

9

LONDRES 2012, UN SECOND COUTEAU DANS LE DOS D'ALEXIS

Dans la foulée de Pékin, Alexis retrouve la compétition aux championnats du monde militaire de Bakou, en Azerbaïdjan. Une semaine après son vingt-deuxième anniversaire, il boxe en huitièmes de finale contre le vice-champion du monde en titre, local de l'épreuve – Ramal Amanov, et s'impose 19-9. Il écarte ensuite le Turc Serdar Avic en quarts (3-1) et l'Ouzbek Ulugbek Holmutarov (13-9) en demi-finale.

Alexis allait disputer sa première grande finale.

Son adversaire ? Pas un cadeau. Le Biélorusse Yauheni Ramashkevich était un combattant solide, qui frappait avec l'intensité d'un poids-lourds. Alexis a piqué comme une abeille pendant tout le combat et n'a quasiment jamais été touché.

Victoire 14-2 et premier titre de champion du monde militaire. J'étais tellement fier de mon gamin. Le vol du Palais des sports des ouvriers de Pékin était rangé dans une malle, bien scellée.

Alexis a réalisé une magnifique olympiade. Titre de champion de France à Auxerre contre Samir Machrouh, médaille d'or aux Jeux méditerranéens de Pescara contre Driss Moussaid, nouveau titre de champion du monde militaire, en catégorie welters cette fois-ci, à Camp Lejeune, aux États-Unis, en 2010, puis au Brésil en 2011. Alexis inscrivait au passage son nom dans les livres d'histoire du sport de l'armée, devenant le militaire français le plus titré en boxe.

Alexis Vastine était la star de la boxe française. Il suscitait des jalousies, notamment quand il était choisi par le CNOSF pour présenter les tenues olympiques de la cérémonie d'ouverture, ou quand il tournait une publicité pour un équipementier à trois bandes avec le champion du monde de foot David Villa. Quand l'équipe de France partait en stage à Cuba, seuls deux boxeurs dormaient dans la maison de l'entraîneur : Alexis et Tony Yoka. Ce dernier était encore dans l'ombre de mon fils. Avec le franc-parler qui le caractérisait, Alex avait donné son sentiment sur les bisbilles de la délégation française : « Chacun est dans sa bulle et travaille pour être champion olympique. On n'est pas là pour s'embrasser sur la bouche. On va à Londres pour être les meilleurs et représenter la France au plus haut. »

Nous y voilà. Quatre ans après le vol de Pékin, Alexis est revanchard en pénétrant dans l'ExCeL London, où se déroulent les épreuves de boxe des Jeux olympiques 2012.

Les frères Vastine sont réunis, car Adriani a été choisi dans le rôle de *sparring-partner* pour préparer son frère. Il a étudié chaque adversaire pour boxer « à la manière de ». Surtout, il est une présence rassurante pour Alexis.

Dans sa catégorie des – 69 kg, Alexis remporte ses deux premiers combats, sans contestation : 16-12 face à l'Allemand Patrick Wojcicki, et 13-12 devant le Mongol Tuvshinbat Byamba. À chaque fois, la logique est respectée. Mon fils était le meilleur.

Maillot bleu, short bleu, casque bleu et protège-dents jaune, Alexis est défié par Taras Shelestyuk, champion du monde 2011. Huit mois plus tôt, le combattant ukrainien avait battu mon fils. Désormais, le règlement a changé et on ne voit plus le décompte des touches s'afficher à l'écran. Plus facile pour la triche… Cependant, après deux premiers rounds très accrochés, je comprends que mon fils a pris le dessus dans la troisième reprise.

Lorsque la cloche sonne, je serre le poing devant mon écran. Je sais qu'il a gagné. C'est lui qui a donné les touches les plus nettes, il a été parfait dans son jeu d'esquive. Alexis aussi, lève les bras en l'air et sourit en embrassant le staff de l'équipe de France. J'aperçois l'Ukrainien, les mains sur les genoux, dans son coin. Il partage sa déception avec son staff. N'est-ce pas là le signe ultime de sa défaite évidente ? Quelques secondes avant la décision, Alexis multiplie les signes de croix, mais visiblement Dieu n'était pas avec nous pendant les Jeux olympiques. Prêt à célébrer, les yeux rivés sur son frère Adriani qui lui fait face dans les tribunes, mon fils voit l'arbitre lever la main de son adversaire à la place de la sienne. Le score ? 18-18. Avantage donné à Shelestyuk, de façon totalement arbitraire.

Impuissant dans mon salon normand, je me suis effondré sur mon fauteuil. Quatre ans plus tard, nous revivions la même injustice. C'était même encore pire. Sur le ring, mon pauvre garçon a explosé : « Mais non… non ! pas encore ! Pas deux fois ! » Pendant que le public huait, il s'est allongé sur le dos, les bras en croix, et les larmes de la colère ont coulé. Des larmes qui ont ému la France entière. C'est l'un des instants les plus tristes de l'histoire du sport français. Il a refusé de descendre, dans un premier temps. Nous avons vécu cela de l'autre côté de la Manche. J'étais furieux, prêt à boxer la mer pour qu'il reçoive mon soutien. Ses sanglots me brisaient le cœur. Heureusement qu'Adriani était là-bas pour le prendre dans ses bras. Heureusement, aussi, que je n'étais pas sur place, autrement je serais monté sur le ring avec lui et j'aurais tout cassé. J'étais si enragé que je n'aurais pas su me retenir. J'aurais déclenché un scandale mémorable.

À l'issue du combat, Arnaud Romera a tendu son micro à Alexis, pour France Télévisions, en posant sa main sur son épaule, comme s'il voulait le réconforter tout autant que l'interroger. Arnaud a toujours été juste dans ses commentaires. Une fois encore, il a trouvé les bons mots, même s'ils faisaient mal.

— Alexis, c'est terrible ce qui vous arrive. Quatre ans après Pékin, l'injustice se répète. Comment le vivez-vous ?

— [la voix étouffée dans un sanglot] J'ai pas de mots. Je l'ai là [montrant sa gorge]. Je ne peux pas parler. [élevant la voix avant de s'éloigner] C'est une honte !

Alexis s'est ensuite effondré dans un couloir de la zone d'interviews. Seul et abandonné dans le champ miné de l'injustice et de la triche.

Nous pensions vivre le jour le plus triste de notre vie.

Évidemment, la réclamation de l'équipe de France n'a pas abouti. Trois longues heures d'attente pour un refus glacial. Personne n'a revu le combat. Aucun juge ne s'est escrimé à recompter les points. L'Ukrainien devait battre Vastine, point barre. Bienvenue dans le monde opaque de la boxe.

Si vous fouillez dans les archives, vous constaterez qu'à cette période, le Kazakhstan a monté un immense complexe sportif réservé à la boxe à hauteur de trois millions d'euros. Et qui a remporté la médaille d'or de la catégorie d'Alexis ? Un boxeur kazakh. Cet investissement massif a brisé le rêve de mon fiston qui est un simple dommage collatéral. Il fallait l'écarter avant la finale pour que cela se voie moins. C'est Arnaud Romera qui a révélé ces informations. Je lui tire mon chapeau, car il a mis sa carrière de journaliste en jeu pour mettre en lumière ce scandale. Lors d'une séquence tournée en caméra cachée, on voit le président de la Fédération française de boxe, Humbert Furgoni, faire comprendre que la France n'a pas eu de médaille olympique, car elle n'est pas assez riche pour avoir une influence internationale importante. Alors qu'il n'a pas conscience d'être filmé, il dit : « Pourquoi est-ce que le Kazakhstan a la médaille d'or ? Parce que le Kazakhstan vient de financer un Insep de la boxe tout neuf, mis à la disposition de la Fédération internationale. Forcément, on a un peu envie de les remercier, non ? Mais je suis président de la fédération, je ne peux pas vous le dire face à la caméra. Faites-le dire à n'importe qui dans votre reportage, par exemple à Alain Vastine. » En découvrant ce reportage, j'étais outré. Le sport n'est plus qu'un sujet politico-économique. Tous ces dirigeants ont-ils oublié qu'ils ont été des sportifs ?

À l'époque, *Stade 2* avait montré le DVD de l'intégralité du combat à une vingtaine d'arbitres internationaux. Tous, de façon individuelle, ont donné le même résultat. Victoire de Vastine, avec quatre à six touches d'avance.

Avec le temps, on m'a rapporté des attitudes répugnantes. Quand Alexis s'est étendu au centre du ring, les bras en croix, un juge a eu le culot de s'esclaffer. « Comment tu peux rire ? Ça fait huit ans qu'on le vole », lui a rétorqué un autre juge-arbitre, dégoûté, la gorge pleine de remords. Et le fameux Humbert Furgoni, président de la Fédération française de boxe, était au courant du résultat inéluctable du combat. Au moment de la décision, il était déjà dans l'*underground* londonien.

Comment les responsables peuvent-ils se regarder dans une glace ? Je me souviens du président de la Fédération internationale de boxe, à l'époque.

Il avait souri au moment où la décision était prononcée. Je lui avais envoyé un courrier.

Les boxeurs vainqueurs, je ne leur en veux pas. Au contraire, je les plains. Ils n'ont pas choisi de gagner grâce à la tricherie des juges. Le Dominicain de 2008 a probablement considéré cela comme un don de Dieu. Ces gens-là boxent pour s'extirper de la misère sociale, alors ils ne vont pas cracher sur une médaille d'or. À l'inverse, on voit bien que l'Ukrainien de 2012 est gêné au moment de la décision. Je pense qu'Alexis aurait détesté remporter un match de cette façon. Très franc, il reconnaissait chacune de ses défaites.

Adriani a passé la nuit avec lui. Ensemble, mes deux fils ont fait front. Ils ont ruminé. Analysé le combat. À l'aube, Adriani est allé se coucher et Alexis a pris la plume pour répondre aux messages de soutien de ses nombreux fans sur les réseaux sociaux.

« Couché à 6 heures, impossible de dormir. Je me suis levé pour aller courir puis pour aller au sauna. Comme si je boxais vendredi en demi-finale. De toute manière, je n'ai fait que ça toute ma vie dans l'espoir de devenir champion olympique.

À 6 ans, j'ai commencé la boxe. Les Jeux, c'était mon rêve. À 13 ans, j'ai quitté mes parents pour intégrer le pôle Espoirs. C'est alors devenu l'objectif pour lequel j'ai tout sacrifié, car c'était le prix à payer pour l'atteindre. J'ai accepté de vivre jusqu'à vingt-cinq ans dans une chambre à l'Insep loin des miens, j'ai sué, j'ai saigné, j'ai pris des coups dans les pays où les boxeurs sont les plus forts. J'ai eu des satisfactions aussi, quand mes résultats me rapprochaient de mon but.

Mais ils ne me servaient qu'à cela. J'ai tout fait pour avoir ce titre. Ça fait deux fois que l'on m'en prive pour de mauvaises raisons. Je n'arrive pas à y croire. Je n'ai jamais triché, j'ai toujours été respectueux. Quand je pense à mon avenir, je ne vois rien. Je voulais tellement ce titre. J'ai mon BE1, c'est tout. J'avais tout misé sur les Jeux. Je pensais que Pékin me servirait au moins à ne plus me faire voler. Arrêter ? Je ne sais pas quoi faire ni comment.

Je sais qu'il est trop tôt pour décider, et que l'on ne prend jamais les meilleures décisions à chaud. Repartir pour Rio 2016 ? Avec qui, dans quelles conditions et pour quelle issue ? J'ai tout donné pour mon sport et je n'ai pas eu le temps de construire mon avenir.

J'ai des envies, mais rien de bien concret. Il va falloir digérer et réfléchir. Le plus dur combat n'était peut-être pas hier soir... »

L'intelligence de mon fils transpire de ce texte.

Alexis est le seul à qui c'est arrivé deux fois dans une carrière.

À Londres, il n'a pas seulement perdu une médaille. Il a perdu sa joie et sa raison de vivre. La descente aux enfers allait commencer.

10

LA DESCENTE AUX ENFERS

Je me souviendrai toute ma vie d'un week-end à Honfleur, quand mes enfants étaient encore vivants. Ma femme et moi nous étions séparés une première fois, et la coïncidence avait fait qu'Alexis vivait simultanément une peine de cœur. Son amoureuse l'avait quitté. Pour tromper le chagrin, nous avions décidé de passer le week-end ensemble, père et fils célibataires, dans la coquette ville portuaire de Normandie. Il pleurait... On s'était encore beaucoup rapprochés. Il était tellement amoureux d'Alexia. Il ne parvenait pas à accepter la fin de leur relation. Cette séparation lui a fait beaucoup de mal. Ils s'aimaient depuis huit ans. J'aimais la coïncidence de leurs deux prénoms. C'était une basketteuse professionnelle, rencontrée à l'Insep. Même pour les histoires de cœur, mon gamin n'avait pas de veine.

Lors des dernières années de sa vie, je voyais moins souvent mon fils. Il vivait dans un appartement parisien, ou chez son frère à Champigny-sur-Marne. Dès qu'il arrivait à Pont-Audemer, je le guettais par la fenêtre. « Ah, voilà Alex ! » C'était toujours un moment de joie de le retrouver.

Mon couple, mon fils, ma fille... La boxe m'a tout donné... puis m'a tout repris.

Pour Alexis, c'est pareil. Il s'est construit une vie, une image et un palmarès autour de la boxe. Il était fier d'avoir intégré l'armée de Terre en tant que sportif de haut niveau. Il était engagé au 121e régiment du train de Montlhéry, escadron de commandement et de logistique. Il avait été élevé au rang de brigadier-chef et l'été précédant sa mort, il avait été affecté au centre national des sports de la Défense de Fontainebleau, avec Florent Manaudou. Il avait même défilé sur les Champs-Élysées, lors d'un 14 juillet. S'il avait été champion olympique, avec sa belle gueule de James Dean, il serait devenu une star du cinéma. Regardez la notoriété de Brahim Asloum aujourd'hui, tout ce qu'il a pu développer dans sa vie grâce à sa médaille d'or. Alexis aurait fait la même chose, mais les tricheurs l'en ont empêché.

Après les JO de Londres, en 2012, Alexis avait un mauvais goût dans la bouche. Non seulement il ne voulait plus boxer, mais il ne voulait plus vivre.

— Papa, j'en ai marre, je veux me suicider.

— Tu vas pas te suicider pour un sport, quand même, oh ? T'es barjot !

Quand sa dépression a été actée, il a été suivi par une psychologue de l'Insep. Cela me rassurait, mais je ne l'ai jamais vraiment cru capable de passer à l'acte.

En revanche, il n'a pas été soutenu par le milieu de la boxe. C'est même tout l'inverse. Comme Alex avait tout déballé dans la presse au sujet de la triche dont il avait été victime, la Fédération française s'est vengée en le radiant de l'Insep. Du jour au lendemain, il n'avait plus de chambre et son pécule de 800 euros mensuels lui était supprimé. Combien de couteaux dans le dos mon fils a-t-il reçus dans sa courte vie ? Quelle honte !

Mis de côté par ses semblables, il a alors rejoint le groupe d'entraînement des frères Guénot, les lutteurs.

Heureusement, grâce à la médiatisation de ce nouveau scandale, il a été réintégré. J'en veux toujours à la fédération d'avoir osé lui faire ça, alors qu'il souffrait déjà tellement. Le karma n'oubliera pas tous ceux qui lui ont fait du mal.

Il sortait souvent avec ses copains. Steeve Guénot, c'est un bringueur. Je lui avais demandé pourquoi il buvait de l'alcool le week-end. Venant d'un champion olympique, cela m'étonnait. « Alain, comprends-nous, on transpire toute la semaine, on a besoin de se libérer. » C'est vrai que la lutte est un sport horriblement dur. Je n'ai pas perdu le contact avec eux. Christophe est entraîneur à l'Insep. Steeve est entraîneur des juniors à Dijon. Je vois aussi parfois Teddy Riner, même s'il vit au Maroc. La boxe est un milieu étrange, car dans les proches d'Alexis, j'ai gardé plus de liens avec les gens du judo et de la lutte que de la boxe.

Désespéré par son destin, Alexis a inversé proportionnellement le nombre de verres d'alcool et de séances d'entraînement. Il était très influençable. Il aimait Paris, il aimait la vie, celle qu'il n'avait encore jamais connue auparavant. Savez-vous le nombre de calories présentes dans les boissons alcoolisées ? Mon fils n'avait pas besoin de me dire qu'il buvait : je le constatais à sa silhouette changeante. Chaque fois qu'il revenait à « Ponto », surnom donné à la ville de Pont-Audemer, il avait pris deux ou trois kilos supplémentaires. Il est monté jusqu'à 90. Au début, je ne disais rien, car je comprenais son écœurement pour le sport. Il s'était entraîné dur pendant huit ans, avait tout sacrifié avec une hargne sans pareille. Je tentais de le consoler, mais sa détresse était trop forte. « Si tu veux arrêter la boxe, tu arrêtes. »

Pour le laisser digérer, je ne l'ai pas contredit. C'était bien la première fois que je n'enguirlandais pas l'un de mes enfants qui voulait sortir du ring. Beaucoup de boxeurs raccrochent les gants, lassés par les mauvaises décisions. C'est d'ailleurs ce qui m'a conduit à interrompre ma carrière au milieu des années 1980. Se prendre des coups, d'accord. Se faire extorquer, ça passe moins.

Alors il a bu, mal mangé et encore bu. À Paris, il écumait les bars, les soirées festives et les discothèques. Il n'arpentait plus la maison familiale que lors de passages éclair. Pour éviter mon regard. Il se querellait de plus en plus. Dès qu'il croisait un entraîneur ou un cadre national, il s'imaginait sur le ring, la maîtrise en moins. Parfois, il me dévisageait et se mettait à hurler :

— Qu'est-ce que t'as à me dire ? Dis-le-moi ! Vas-y ! Qu'est-ce que t'as à me dire ?

Il était devenu agressif. Avec Alex, on s'est toujours parlé avec les yeux. Les mots étaient inutiles entre nous. Dès qu'il rentrait en Normandie, il lisait le dégoût et le gâchis dans mon regard. Alors il se fâchait. Deux heures plus tard, il revenait me demander pardon.

Les semaines passant, l'entraîneur que je suis a essayé de reprendre le contrôle. Je lui ai adressé des piques verbales, pour lui faire mal avec mes mots.

— Mon Alex, tu vois pas que t'es en train de devenir une épave ?

— …

— Regarde donc comme tes joues sont bouffies !

— Pardon, papa.

Et il pleurait.

C'était inhumain de le voir ainsi abattu.

Puis, il s'est relevé. Comment ? Je l'ignore. Il a perdu ses kilos les uns après les autres. A repris la boxe. Et reparlé des Jeux olympiques.

Quand il m'a annoncé qu'il allait redevenir un boxeur, j'ai pleuré de joie. Il a subi une opération du coude droit, suivi un stage intensif au Creps de Bourges avec un préparateur physique. Il a perdu précisément douze kilos en sept semaines ! Pendant ce temps-là, j'ai entendu Kévinn Rabaud dire que la boxe française ne pouvait pas se passer d'Alexis Vastine, et cela m'a réconforté.

Le 1er décembre 2014, Alexis était l'invité du show télévisé d'Ardisson, sur Canal+ : *Salut les terriens*. J'étais sur mon canapé avec mon ex-femme. On ne pouvait pas rater ça. Fier, même si je préférais le voir boxer que parler au milieu de ce panier de crabes. Malgré son visage bouffi par l'alcool et la malbouffe, il était magnifique avec sa chemise en jeans et sa barbe taillée de près. Thierry Ardisson l'a présenté comme « le boxeur maudit des Jeux olympiques ». Il avait raison. Ce soir-là, j'ai été touché en plein cœur par sa confession : « Quand j'ai commencé à faire de la peine à mes proches, ça m'a mis du plomb dans la tête. » C'est grâce à nous qu'Alexis s'en est sorti. C'est pour ne pas faire souffrir ses parents, son frère et ses sœurs que mon gamin a plongé dans un bain de jouvence.

Après plus d'un an d'errance, Alexis est sorti méthodiquement du fond du trou. En moins de deux mois, il avait presque retrouvé son poids de forme. C'est très fort d'avoir accompli cette performance.

Le jour où il m'a dit : « Papa, je reprends la boxe avec toi », quelle déflagration de bonheur ! Nous avions mis une salle du Boxing Club de Pont-Audemer à sa disposition. Le matin, il courait neuf kilomètres – avec une grande côte – à une vitesse moyenne de 15 km/heure. Je le suivais à vélo avec un compteur, et dès qu'il ralentissait, je devais le prévenir afin qu'il accélère. Il s'imposait une discipline de fer pour retrouver le très haut niveau. C'est pour gagner qu'Alexis reprenait le sport. Chaque jour, je le voyais retrouver ses réflexes et ses qualités d'esquive. Il redevenait le splendide boxeur qu'il avait toujours été.

Le 12 avril 2014, à Villerupt, dans l'est de la France, Alexis a repris la compétition lors du match France-Italie. Il était tellement en manque de ring ! Son adversaire – l'Italien Alfonso Di Russo, ancien vainqueur des Gants d'or – n'était pas un cadeau. En choisissant cet adversaire, j'avais l'impression que la Fédération française essayait d'enfoncer Alexis. Mais, face à un combattant plus petit que lui, puissant avec ses crochets larges, Alexis a remporté la victoire pour son retour. C'était son épiphanie.

Ensuite, après un beau gala à Pont-Audemer qui a vu les victoires d'Alexis et Cindy, on s'est envolés pour le Kazakhstan, pour les championnats du monde militaires. Alexis n'avait aucune ambition sérieuse, et je ne m'amusais pas à lui monter le bourrichon. Je l'estimais à 80 % de ses capacités physiques. Il avait été contraint de perdre trois kilos en une journée pour être qualifié à l'épreuve de la pesée. Entraînement, bains chauds, musculation, course à pied… en vingt-quatre heures, un roi de la transpiration !

Malgré ses faiblesses, le brigadier-chef Vastine avait déjà retrouvé sa boxe virevoltante et sa hargne légendaire. Mon fils a été sacré champion du monde militaire pour la quatrième fois, à Almaty. Sa résilience nous oblige et doit nous inspirer.

Au Kazakhstan, j'ai vécu l'un des instants les plus émouvants de ma vie. À l'issue de la demi-finale, il s'est jeté dans mes bras et m'a embrassé plus fort qu'il ne l'avait jamais fait auparavant. J'avais retrouvé mon fils. Jusqu'à la dernière seconde de mon existence, ce souvenir restera l'un des mieux placés dans la catégorie « Bonheur ».

11

PARIS 2024

Le 6 juillet 2024, j'ai porté la flamme olympique avec Adriani, juste devant le parc des sports Alexis-Vastine de Pont-Audemer. C'était un beau moment. Tout de blanc vêtu, avec mon grand fils, j'ai toisé la foule venue en nombre sur le parvis qui porte le nom d'Alex, et j'ai brandi la flamme en me remémorant le passé. Je me suis rappelé le relais de la flamme en 2008. Alexis l'avait portée, mais ce jour-là, comme d'habitude, il n'avait pas eu de chance. Des manifestants pro-Tibet avaient perturbé ce moment de grâce qui faisait tant rêver mon fils. Escorté par la police sur les quais de Seine, Alexis portait fièrement son flambeau sous les insultes d'imbéciles heureux (« nazi ! », « assassin ! ») qui ne comprenaient pas qu'ils gâchaient l'instant de vie d'un sportif. Sa flamme s'était même éteinte en route, avant qu'il ne la transmette à la lanceuse de marteau Manuela Montebrun.

J'étais déçu pour lui, car l'événement n'était pas à la hauteur de ses aspirations. Quand je vous dis qu'il n'avait jamais de chance, mon gamin…

En 2024, j'ai réfléchi à deux fois avant d'accepter. Mais je tenais absolument à la porter pour clôturer le parcours jusqu'au gymnase de mon fils. Je me disais : enfin, on reconnaît l'importance du travail de la famille Vastine dans le sport français. Devant tout ce public, cela m'a fait chaud au cœur.

Après ce beau relais avec Adriani, j'ai conservé le survêtement blanc pour le vendre aux enchères pour l'association. Dans mon musée, j'ai déjà la flamme de 2008 qu'Alexis avait portée.

Pour les Jeux de Paris, la Fédération internationale de boxe a été écartée. C'était la seule solution pour maintenir la boxe aux JO. Notre discipline a failli disparaître du programme. C'est grave. On parle quand même d'un des sports les plus anciens et les plus nobles, au même titre que la lutte. La boxe anglaise est au programme olympique depuis les Jeux de Saint-Louis, en 1904. Je ne me suis pas vraiment préoccupé de ce débat, mais c'est un juste retour des choses après des années de combines. La situation de la boxe est devenue catastrophique. Ce n'est plus du sport. C'est de la politique. Du business. Des courbettes des uns aux autres. On mélange tout. On ne pense plus aux athlètes. C'est pour cette raison que j'ai refusé la proposition d'Estelle Mossely de faire partie de sa liste pour les élections à la présidence de la Fédération française de boxe. Après tout ce qui est arrivé à mon fils, je ne veux pas prendre le risque d'être lié à la moindre affaire de corruption. J'ai tout donné à la boxe, mais je ne veux être sur aucune liste.

À chaque nouvelle édition des JO, je suis scandalisé de voir les footeux et les tennismen capter toute la lumière aux côtés des sportifs amateurs. En 2008, en découvrant le village olympique de Pékin, Alexis m'avait raconté qu'il avait vu nombre de tennismen refuser de loger dans les chambres uniformes. Le luxe leur manquait… C'est lamentable. Ils ne voulaient pas se mélanger au commun des mortels. Où sont les valeurs de l'olympisme ? Ça me dégoûte. Les Jeux, c'est du business et de la politique. Ils sont en train de tout assassiner.

Avant les Jeux de Paris 2024, j'avais parié que la France remporterait précisément trois médailles en boxe, et c'est ce qui s'est produit. À ceux qui ne veulent pas me croire, vous demanderez à mon éditeur qui détient une preuve sonore et datée du mois de juin. Je vais vous expliquer pourquoi je savais que nous gagnerions trois médailles.

D'abord, laissez-moi citer les médaillés tricolores, qui n'ont pas démérité et méritent leurs breloques. Billal Bennama, l'argent en poids-mouches. Sofiane Oumiha, l'argent en poids-légers, comme en 2016. Et Djamili Dini-Aboudou Moindze, le bronze en super-lourds. Je les félicite tous les trois et me réjouis pour eux.

Je savais que la délégation française obtiendrait des médailles. Et je ne suis pas le seul. Qui organise les Jeux ? La France. Donc la France glane des médailles. En boxe, on ne remercie pas le pays organisateur avec des fleurs ou un beau discours, mais avec des médailles pour ses athlètes. C'est la vérité et le changement de Fédération internationale n'y a rien changé. Ne me dites pas que je suis un adepte de la théorie du complot. C'est la triste réalité de mon sport. Je me souviens des championnats du monde amateurs organisés en Ouzbékistan. Huit médailles pour la délégation locale ! Presque trop risible pour être vrai. Ils sont bons… mais n'exagérons rien. La boxe se décrédibilise d'année en année. Les spécialistes sont dégoûtés, car ils comprennent que la décision du juge n'est pas la bonne, et les novices ont l'impression qu'on leur ment. Et donc, s'en désintéressent. Regardez les Jeux de Paris : de quel sport avez-vous le plus entendu parler ? Le tennis de table ou la boxe ? L'escrime ou la boxe ? Le beach-volley ou la boxe ? À chaque fois, la réponse n'est jamais en faveur de notre discipline. Dans ma vie, j'ai vu des décisions arbitrales d'une absurdité sans nul autre pareil. Un type qui va trois fois au tapis et qui gagne quand même ? Les arbitres n'ont absolument aucun scrupule.

En gala, il m'arrive de ne plus supporter ce genre de scénario. J'ai le triste devoir de vous avertir que le fonctionnement est tout aussi cynique au plus petit échelon. Lors de récents championnats de Normandie, j'ai perdu mes nerfs. Mon jeune boxeur volait sur le ring, et on lui a dérobé sa victoire. Je regrette d'avoir jeté ma chaise en direction de la table de marque, car des enfants me regardaient et en tant qu'éducateur, je dois rester un exemple. Mais, après tout ce que ma famille a subi d'injustices dans la boxe et dans la vie, la corde rompt plus facilement.

Je hurlais :

— Mais comment vous pouvez faire ça ? Comment vous pouvez faire ça ? Le drame d'Alexis ne vous a pas donné assez de leçons ? Vous l'avez vu se faire voler deux fois et vous recommencez ?! Même au niveau local ?

Il faut vraiment que j'aime la boxe pour continuer devant ces tristes copinages.

Après cet épisode, j'ai reçu un coup de téléphone du président de la Fédération française de boxe, Dominique Nato.

J'ai offert ma vie à ce sport. Et je continue. Du lundi au dimanche, je suis un bénévole. Je ne demande pas un centime aux boxeurs que j'entraîne. Je règle mes trajets avec ma carte bancaire et mon essence. La transmission d'un savoir ne doit pas se monnayer.

J'aurais quand même apprécié que la Fédération française de boxe m'invite aux Jeux olympiques, mais je n'ai pas bénéficié de la moindre entrée. La famille Vastine ? Oubliée.

Être au bord du ring du parc des expositions de Villepinte pour la finale de la catégorie d'Alexis, ç'aurait été un beau symbole. Mon fils aurait eu 37 ans aux Jeux de Paris. Sans doute trop âgé pour y participer…

Ça, pour inviter des influenceurs ou des PDG qui n'ont rien à voir avec la boxe, ça y va…

J'en ai parlé dans une interview et, comme par hasard, le jour de la publication, on m'a envoyé des places. Vexé, je n'y suis pas allé.

À mon palmarès d'entraîneur, j'ai quand même une trentaine de champions de France, cinq médailles mondiales, cinq médailles européennes, deux médailles d'or aux Jeux méditerranéens, une médaille d'or aux Jeux francophones, deux médailles à la coupe du monde dont une en or, et une médaille olympique. Mon palmarès est l'un des plus gros de France, mais on ne m'a jamais proposé d'entraîner à l'Insep. Est-ce que je le regrette ? Non, car je n'ai jamais intrigué pour y obtenir un poste. Je peux me regarder dans une glace. J'aurais voulu que ça vienne d'en haut. Je n'allais pas leur demander comme une faveur, alors que c'est moi qui forme les champions. Je n'ai jamais péché par orgueil. Je n'ai pas fait d'études. Je n'ai pas le baccalauréat, loin de là. J'écris et je lis, sans plus. Je n'ai pas honte de l'avouer. À mon époque, les enfants qui n'étaient pas bons à l'école partaient bosser. À quinze ans, j'ai commencé la maçonnerie avec mon père, en tant que manœuvre. À l'âge où les jeunes étudient la philosophie, moi, je portais des briques.

Maintenant, on réclame des diplômes insensés à tous les entraîneurs. C'est nul. Je n'ai pas eu besoin de ça pour fabriquer des champions. C'est sûr que mes séances ne sont pas aussi sophistiquées que celles des entraîneurs modernes. Mais les miennes sont efficaces…

Le monde contemporain est devenu fou. Tout a changé en mal.

Dans le temps, on faisait quinze kilomètres de footing tous les soirs. Qui a besoin d'un diplôme pour ça ?

Ma méthode d'entraînement n'a pas changé avec les années, mais elle s'est enrichie. À la dure, très technique. C'est d'ailleurs cet aspect-là qui a beaucoup évolué, car je me suis nourri de mes voyages à l'étranger. J'ai appris des variantes d'entraînement au Kazakhstan et à Cuba. J'ai visionné beaucoup de combats de boxe, aussi, pour améliorer mes séances. La technique est l'apanage des boxeurs de talent. Quand je vois un athlète qui adresse un uppercut en avançant, je m'arrache les cheveux. Ne jamais faire ça ! Car si l'adversaire étend son bras, l'attaquant va s'empaler dessus. Pas vrai ? Un uppercut se donne toujours en marche arrière. Mes gamins apprennent ça dès le plus jeune âge. La boxe, c'est ma seule échappatoire.

12

LA BOXE, MON SEUL REFUGE

« Vive la boxe ». Ces trois mots sont tatoués sur mon avant-bras droit. Sur l'épaule gauche, le dessin d'un boxeur. Un Calédonien m'avait réalisé ces tatouages en prison, pendant mon service militaire. J'avais omis de me présenter pour une mission et cela avait été considéré comme une désertion. Un mois de prison, et deux tatouages !

Sans la boxe, je me serais déjà suicidé. Après avoir passé plus de vingt ans à entraîner mes enfants, d'Adriani à Célie en passant par Alexis et Cindy, je ne pouvais pas me contenter de poursuivre mon travail d'employé communal. Pire, je ne pourrais pas vivre comme un retraité. Même avec la boxe, je flanche. Je n'ose pas imaginer ce que serait ma vie sans mon seul et unique lien social.

J'ai monté une fabrique de nouveaux champions. C'est un travail de longue haleine : au moins dix ans d'entraînement. Au Boxing Club de Pont-Audemer, je m'occupe des gamins dès l'âge de six ans, en boxe éducative. L'écurie Vastine compte actuellement une dizaine de poulains à haut niveau. En 2022, j'en avais encore deux à l'Insep. Je dirige toujours le club, qui compte cent licenciés. Mon frère m'aide un peu, mais je suis le seul entraîneur pour tout le monde.

Les galas, quel boulot ! Les boxeurs, les speakers, les arbitres, les chaises, les tables, la buvette, la sécurité… Les boxeurs français ne veulent plus se rencontrer entre eux. On est contraints de faire venir des adversaires étrangers, ce qui arrange bien la Fédération française. À chaque combat contre un étranger, on doit payer une taxe de 400 euros. C'est un business lamentable sur le dos des clubs. À cause de ça, on doit payer moins cher les boxeurs. Benjamin Mendes Tani perçoit 2000 euros brut par combat. Avec trois combats dans l'année, ça fait 6000 euros. Et il faut ensuite enlever toutes ses charges… On ne peut pas vivre ainsi sans trouver un travail d'appoint. Et on appelle ça un sport professionnel ? C'est dur à encaisser, surtout quand on sait tous les traumatismes physiques sur le visage des boxeurs au lendemain d'un gala.

Mes boxeurs performants ?

Enzo Marguerite. Il était en catégorie – 71 kg, puis descendu en – 69 kg. Je l'imagine champion de France de sa catégorie. Je l'ai coaché à partir de ses 15 ans. Il vient d'Évreux, mais s'entraîne à Pont-Audemer. Enzo était programmé pour les JO de Paris, mais n'a jamais eu sa chance pour se qualifier. À l'Insep, il était considéré comme de la chair à canon, pour aider les autres à s'entraîner. L'amateurisme est fini pour lui. Il dispose de toutes les qualités pour la boxe professionnelle, l'assise avec les pieds bien à plat pour frapper plus. On travaille plus au corps, de près. Ce sont deux boxes différentes. La boxe pro est très technique. Enzo a tout ça. Tout pour réussir dans sa nouvelle vie. On dessine son plan de carrière au fur et à mesure.

Benjamin Mendes Tani. Ah, qu'est-ce qu'il est bon, lui… Initialement, il était footballeur dans un centre de formation professionnelle en Espagne. En amateur, il est triple champion de Provence-Alpes-Côte d'Azur, et finaliste de la ceinture Montana. Il est passé professionnel en 2018, mais la pandémie du Covid a ralenti sa progression. Originaire de Guinée-Bissau, il est un modèle d'intégration. J'aimerais qu'un journaliste réalise un documentaire sur son histoire, afin de faire comprendre aux jeunes qu'on peut s'en sortir grâce au sport. Quand je le vois célébrer une victoire avec son drapeau de la Guinée-Bissau et son drapeau de la France, je me dis qu'il a tout compris et j'ai envie de le féliciter.

Mattéo Rivoual. Je l'ai eu tout petit, en boxe éducative. Un super technicien. Mattéo a livré son neuvième combat en 2024… pour une neuvième victoire. Il a été sacré champion d'Europe militaire. Il a boxé face à un gros gabarit qui a tenté le jeu du rentre-dedans, mais grâce à sa technique, il s'est amusé. À l'issue du combat, Mattéo n'avait pas une égratignure, alors que son adversaire ne pouvait plus ouvrir un œil. Mattéo est déjà double champion de France militaire. S'il continue ainsi, il ira loin. Mais il ne peut pas passer professionnel, car c'est un militaire, membre de la Garde républicaine. Cela dit, je trouve le monde amateur plus dur que le circuit professionnel. Chez les amateurs, le tirage au sort prévaut. Si le hasard oblige un boxeur à affronter le champion olympique sortant dès le premier tour, il faut vraiment être le meilleur, dès la première seconde d'un tournoi. On ne peut pas se reposer sur ses acquis.

Comme Enzo, Mattéo a été formé à l'Insep. C'est un gage de qualité. Pour choisir mes boxeurs, quand ils ont un âge avancé, je regarde ce qu'ils ont déjà fait avant de postuler chez Vastine. Je veux qu'ils aient un passé d'amateur. Entraîner des boxeurs chevronnés, cela ne m'intéresse pas. Je ne polis pas la médaille, je la fabrique de toutes pièces.

Mon truc, c'est de prendre un gamin dans la rue et de le transformer en champion. Pour montrer à tous les autres comment on peut s'en sortir dans la vie. N'importe qui peut y arriver. Par la volonté et le sérieux, on peut devenir un champion. La maxime « quand on veut, on peut », ce n'est pas un cliché. C'est la vérité.

À chaque fois que l'un des gamins que j'entraîne soulève une ceinture, je m'émerveille : « Et encore un champion de France de plus ! »

Entraîner, c'est mon dada. La boxe est un sport d'intelligence. Il faut travailler avec les fautes adverses. S'emparer des faiblesses de son rival, c'est déjà presque remporter le combat. Bon, sauf si vous boxez contre le fils du président du comité d'organisation local, vous l'aurez compris…

Je suis toujours passionné. Mais parfois, ça me fatigue. Je donne tellement pour la boxe sans retour sur mon investissement. Je suis écœuré. En tant qu'entraîneur, je n'ai pas l'impression d'être reconnu à ma juste valeur. Heureusement, les gamins que j'entraîne me remercient. L'État, lui, m'utilise. On me laisse former des champions gratuitement, puis on se sert de mon travail, sans le moindre geste. Je ne demande pas un salaire : une carte de réduction de train pour suivre mes boxeurs en compétition m'aiderait beaucoup à boucler mon budget. Ce serait une première forme de reconnaissance, pour toutes ces années d'entraînement. Souvent, c'est moi qui paye le sandwich de mes boxeurs. Ils n'ont rien. Ça me fait de la peine. Certains parents pensent peut-être que je me fais rembourser, mais cela m'est égal.

Ma mère me répétait : « Là-haut, c'est le Paradis, mais la terre, c'est l'Enfer. » Désormais, je comprends sa phrase. Je la ressens.

J'ai l'impression que les humains peuvent difficilement se supporter. La tolérance va *piano*. Mon fils Adriani m'explique souvent qu'il vaut mieux laisser courir les problèmes et positiver. Mon gars est très fort pour ça. Il est intelligent. Moi, je ne sais pas faire.

Sur les réseaux sociaux, les commentaires sont d'une bêtise affligeante. Les gens se permettent de donner leur avis sur des sujets qu'ils ne connaissent pas. Après un combat de boxe, les opinions des spectateurs sont souvent absurdes. C'est probablement le cas sur tous les sujets.

Quand je vais dans le métro, j'ai parfois envie de secouer les jeunes qui ont le regard vissé sur leur portable et leur postérieur accroché à un siège, alors que de vieilles dames s'accrochent péniblement à la barre. C'est une question d'éducation. Paris est une usine. De l'extérieur, la vie des gens ressemble à une comédie dramatique. Les gens courent, rentrent chez eux, s'enferment. Les hommes et les femmes sont devenus des machines. Je suis pareil : chaque jour, je fais du sport en me réveillant. Chaque jour, je me rends au complexe sportif à 15 h 30. Je ne varie jamais, tel un robot. La vie d'avant laissait plus d'espace à la spontanéité, ne trouvez-vous pas ? Peut-être suis-je tout simplement victime d'une désillusion générale de la vie.

Je ne comprends pas les hommes qui cherchent toujours à s'enrichir. Je connais des gens qui n'en finissent pas de poursuivre leur course au profit. L'une de mes connaissances a fait fortune avec une société, et est déjà en train d'en monter une seconde. Ne peut-elle pas en laisser un peu aux autres ? J'ai le bourdon, aussi, de voir qu'on peut concentrer tous les millions sur une seule et même personne. Comment peut-on donner autant d'argent à Kylian Mbappé pour jouer au foot ? À lui seul, il pourrait financer, nourrir et soigner une ville entière. Cela dit, je ne le critique pas, car je sais qu'il a des engagements forts sur le plan caritatif.

Mais c'est dommage que les footballeurs soient constamment les sportifs les plus reconnus de notre pays, alors qu'ils ne sont pas les plus méritants, loin de là.

En ce qui concerne le football, je peux vous en raconter une bien bonne. L'année dernière, en pleine séance de sauna à l'Insep, je vois débarquer deux grands gaillards. Comme je connais tous les boxeurs, je savais qu'ils ne pratiquaient pas le même sport que moi, et, donc, qu'ils n'avaient rien à faire là.

— Eh, oh, les gars, c'est le sauna réservé aux boxeurs ici. Vous faites quoi, vous ? De la lutte ?

— Non, non, on ne fait pas de lutte.

Comme ils riaient de ma question, je les relance :

— Mais alors, c'est quoi votre sport ?

Nouveau sourire en coin.

— Le foot, monsieur.

— Du foot ? Mais il n'y a pas de foot, à l'Insep.

— Oui, mais je suis en pleine séance de remise en forme, rétorque le plus grand des deux.

— Ah, bon. Tu joues où ?

— En première division.

— Ah, dis donc, tu ne dois pas être mauvais, alors.

— Non, je joue en équipe de France.

C'était Marcus Thuram !

Qu'est-ce qu'on a ri ! Je lui ai répondu : « Moi, je connaissais ton père, celui qui mettait le doigt à côté de son nez après avoir marqué un but. » Nous avons passé une heure dans le sauna à partager nos vies. Il connaissait l'histoire dramatique d'Alexis. Le fils du champion du monde 98 est extrêmement sympathique. Si j'avais tilté, je lui aurais demandé un maillot dédicacé pour mon association, mais je n'y ai pas songé. Si vous connaissez Marcus et que vous tenez ce livre entre vos mains, passez-lui le bonjour de ma part.

Je suis souvent à l'Insep. Quand je vais mal et que mes idées noires persistent, je monte sur ma moto, direction le bois de Vincennes. Là-bas, je me sens toujours bien, car Alexis y a vécu pendant treize ans avec Adriani. C'était leur maison. Une partie de mon fils est restée là-bas. Je rejoins Mariano Gonzales, l'ancien entraîneur d'Alexis, j'observe les boxeurs, je réserve une séance de sauna/jacuzzi. Les responsables sont adorables : ils m'ont édité une carte de membre qui me permet de m'y rendre autant que je le souhaite. Je suis toujours ému quand je le lis le nom de l'espace réservé aux boxeurs : la salle Alexis-Vastine.

L'année dernière, Laurie, la responsable de l'Insep, est venue sur la tombe d'Alexis avec Barbara Harel, une ancienne judokate, triple olympienne.

C'est toujours réconfortant de constater qu'il n'est pas oublié.

Je me suis égaré. Je vous parlais de la boxe. Malgré les manœuvres de bas étage, je garde foi en mon sport. Ces lignes sont cyniques, mais je ne suis pas comme ça avec mes athlètes. Ça ne sert à rien de les plomber. Je les entraîne afin qu'ils soient prêts à mettre leur adversaire au tapis, point barre. Les boxeurs en herbe de ma région ont besoin de moi. Et sans doute ai-je moi-même besoin de la boxe pour tenir le coup. Taper dans un sac, c'est ma drogue. C'est une drogue positive, même si elle a abîmé mon couple. Tout au long de ma vie, j'ai été absent le week-end. Entre mes enfants boxeurs et les autres champions que j'entraînais, il y avait sans cesse des compétitions. Nombre d'athlètes ont divorcé à cause de la boxe. Parfois, je me dis que la boxe m'a tout pris.

De temps en temps, j'ai droit à un renvoi d'ascenseur.

Les salles de boxe ou gymnases Alexis-Vastine fleurissent dans toute la France. C'est très touchant. J'en ai inauguré plusieurs à Paris, au Havre, dans le sud de la France. Sur la façade du parc des sports Alexis-Vastine de Pont-Audemer, deux gants de boxe de deux mètres par trois annoncent la couleur.

Je réponds toujours positivement à ces initiatives. Oui, oui, oui, à fond ! Grâce à cela, Alexis est toujours présent avec nous. La seule chose que je refuse, c'est que l'on utilise son nom sans mon accord à des fins pécuniaires. Certains ont voulu créer la « ceinture Alexis-Vastine » pour gagner plus de pognon dans leur gala, j'ai mis mon *veto*. Seule la famille peut organiser ça. À Pont-Audemer, j'ai lancé la ceinture « Célie et Alexis Vastine ». J'ai déjà menacé des gens de les attaquer en justice, car ils vendaient sur Internet des photos dédicacées par Alexis. Dans quel monde vit-on ?

Chaque année, l'armée française remet une coupe au nom de mon fils : le « Prix Brigadier-Chef Alexis-Vastine ». Et je suis toujours invité pour le remettre au militaire élu comme le meilleur sportif de l'année, toutes disciplines confondues. Cela m'a permis de sympathiser avec le chef d'état-major de l'armée française. Je l'ai trouvé très avenant. C'est comme si on se connaissait depuis toujours. Chaque année, je récompense donc un grand champion. J'ai vu défiler les plus grands. Martin Fourcade avait remporté le trophée et me l'avait aussitôt confié pour mon musée personnel. Quel super mec ! Je retiens sa gentillesse, son humanisme. J'ai beaucoup apprécié aussi la championne de judo, Clarisse Agbégnénou. Florent Manaudou, je l'avais trouvé un peu renfermé. Celui que je n'ai pas pu encadrer, c'est Bernard Hinault. Une année, nous avons remis le trophée ensemble. Alors qu'on célébrait la jeunesse, le quintuple vainqueur du Tour de France a tenu un discours à charge sur la jeunesse déclinante, et parlait uniquement de lui. C'était déplacé et pas à la hauteur de ce qu'il représente.

Le sport m'a ouvert des portes. Il m'a permis de rencontrer des gens de milieux divers et variés, notamment dans l'armée, où Alexis avait une belle image. Il était très fier de représenter le drapeau français. Il chantait *La Marseillaise* à pleins poumons, avec ferveur. Je ne supporte pas de voir certains boxeurs qui ne chantent pas notre hymne national alors qu'ils ont été sélectionnés pour défendre nos couleurs. Alexis a été quatre fois champion du monde militaire. Personne d'autre ne l'a fait, pas même Fabrice Tiozzo.

Je donne des cours de boxe au GIGN. C'est passionnant. Je me suis lié d'amitié avec le commandant.

Parfois, il ne faut quand même pas trop rire à gorge déployée à côté d'un militaire. Lors d'une conversation avec un général, j'ai tenté une plaisanterie.

— Ah, tu as cinq belles étoiles sur le poitrail. Je vais t'en enlever une, ça fera plus léger.

Ma blague ne lui a pas du tout plu. Moi, je dis toujours ce que je pense, peu importe la réaction des gens. Quand vous avez perdu deux fois la chair de votre chair, vous devenez imperméable au rejet de l'autre.

L'année dernière, j'ai rencontré pour la première fois une femme élevée au grade de « générale ». Savez-vous combien il y a de « générales » en France ? Cinq, pour près de quatre cents hommes. Quel milieu chauvin !

J'aime beaucoup le milieu militaire. Je suis allé visiter la gendarmerie du Havre. Ces gens, souvent décriés, font leur boulot. Quand on fait l'effort de s'intéresser à eux, les militaires sont très agréables.

Le week-end, j'ai souvent des occupations liées à la boxe. Les réunions sportives ont été nombreuses à l'approche des Jeux olympiques. Je suis allé aux Mureaux, dans les Yvelines. J'ai également été invité à Roland-Garros, pour un événement olympique de la Fédération française de boxe. Je me rends souvent à Évreux ou à Rouen, où j'entraîne des boxeurs professionnels. Ça me fait passer le temps.

Je vais aussi à Rodez. Là-bas, peu de gens le savent, mais j'ai été joueur de première division de rugby quand j'avais la vingtaine. Durant mes quelques années d'infidélité à la Normandie, j'étais portier de boîte de nuit dans l'Aveyron. J'avais proposé mes services au Stade ruthénois, et cela tombait bien, leur pilier gauche titulaire venait de se blesser. Voilà comment je me suis retrouvé à affronter le grand Stade toulousain ! Je me souviens d'un deuxième-ligne de deux mètres à qui j'avais voulu asséner un coup de poing. « Oh ! Calme-toi, petit ! » Effectivement, ça m'avait calmé. Les huit de devant, on était comme une famille. Ce sont de bons souvenirs. On m'appelait « Tartine » pour les coups que j'assénais en pleine figure des avants adverses. En tant que boxeur, je n'ai jamais souffert en mêlée, sauf quand j'étais surpris par une fourchette[1]. C'est un sport de fumiers. Il y a toujours un joueur qui attend qu'on soit à terre pour nous piétiner.

Pour contre-attaquer le chagrin, aussi, je voyage.

J'aimerais visiter le Vietnam, avec un sac à dos, dans les pas d'Alexis. Benjamin Darbelet, le vice-champion olympique 2008 de judo, m'a raconté quelques anecdotes de leur séjour en Asie. Un jour, un car s'était arrêté en pleine ville et tout un groupe de Vietnamiennes en était sorti. Les filles s'étaient jetées dans les bras d'Alexis. Il faut dire qu'il était beau gosse, mon fils.

---

1 Action de mettre ses doigts dans les yeux de l'adversaire.

Tous les pays dans lesquels il a voyagé me fascinent. C'est peut-être un peu étrange, mais année après année, je tamponne mon passeport à l'identique du sien. Cela me permet de respirer son âme, de m'émerveiller devant les mêmes paysages qui ont pu, un jour, susciter chez lui de l'émoi. Son endroit préféré, c'était la plus grande île des Antilles.

13

CUBA, LA BOUFFÉE D'OXYGÈNE

Cuba est l'île de la boxe. Après La Rioja, c'est mon refuge sur terre. J'y respire le ciel du bleu éternel des yeux de mon fils, les vents alizés, et caresse la douceur de la mer des Caraïbes. Le climat est tropical, il fait toujours chaud, comme en Floride. Surtout, c'est tellement beau. Des plages paradisiaques aux montagnes escarpées en passant par les couleurs de la rue, Cuba est un kaléidoscope d'émotions.

Tous les soirs, les Cubains vibrent au son de la musique. La guitare, les bongos, les maracas… C'est rythmé, dynamique et parfaitement à mon goût. La musique cubaine distille de la joie.

Cuba était l'endroit préféré d'Alexis. Il s'y est rendu à seize reprises. Comme moi, il était attiré par la boxe cubaine, la mentalité et la météo.

La vie y est « cool », sans pression. L'essentiel du peuple est désargenté. Peu de locaux touchent plus qu'un salaire de 80 euros mensuels. Mes séjours là-bas me prouvent que le fric est la source du pourrissement des relations humaines. D'ailleurs, les seuls conflits que l'on peut avoir à Cuba sont provoqués par l'argent, quand des vendeurs à la sauvette cherchent à négocier au plus haut la vente de leur marchandise. Aux yeux des Cubains, un Français est un milliardaire, donc ils essayent gentiment de nous duper, mais je peux les comprendre. J'aime tellement cette île. Parfois, je leur achète une boîte de cigares havanais, même si je ne fume pas. À Pont-Audemer, j'en offre à mes rares visiteurs.

Si je me rends à Cuba chaque année, c'est avant tout pour la boxe. J'y apprends de nouvelles techniques. Lors de mon dernier séjour, j'ai vu un boxeur debout sur un vieux pneu usagé, pour travailler son équilibre. Avec zéro moyen, son entraîneur caribéen avait trouvé un procédé remarquable pour faire progresser ses élèves. J'ai trouvé ça prodigieux, et j'ai reproduit cet exercice en Normandie. Les Cubains boxent comme ils dansent. Ils ont tout compris. C'est un art autant qu'un sport. Une chorégraphie. Tout au long de ma carrière, on m'a répété qu'on repérait les boxeurs de mon écurie à leur manière de se déplacer sur un ring. « C'est la boxe Vastine », disait-on. « La boxe cubaine », ajoutais-je pour rendre grâce à ce grand peuple de boxe. Cela m'a toujours rendu fier d'être reconnu sur ce point, car la boxe cubaine est la plus forte de la planète. Ils fournissent des champions olympiques comme nous, des champions de Normandie.

À La Havane comme à Trinidad, les gamins s'entraînent dans la rue. Sans ring, sans tapis, sans vestiaire, sans douche, sans équipement. Ils n'ont rien. Et c'est précisément pour cela qu'ils deviennent les meilleurs du monde. Dès l'enfance, ils s'en mettent plein la figure. En France, le pugilat de deux gamins provoque un scandale. Le règlement de la FFB le stipule : si l'enfant tape trop fort, pénalité. À Cuba, les enfants ne reculent devant rien et frappent le plus fort possible, exhortés par les cris de leur entraîneur. Je me suis régalé à donner quelques leçons de boxe à des enfants de 6 à 9 ans, dans la rue, pour le plaisir. Cela fait partie des moments qui me maintiennent en vie. À 14 ans, les Cubains sont déjà des bêtes de combat. En France, on n'a rien compris. On est trop prudents. Trop protecteurs. L'agressivité, cela fait 80 % du boxeur. D'ailleurs, quand un Tricolore rencontre un Cubain dans un gala, on connaît d'avance le résultat. Dans la majorité des cas, le Cubain l'emportera. On ne boxe pas dans la même catégorie.

Sauf du temps d'Alexis… Les boxeurs de La Havane le surnommaient *El Cubano Blanco,* Le Cubain blanc. À deux reprises, mon fils a battu Arlen Lopez, double champion olympique et champion du monde. Je revois Arlen à chacun de mes passages à Cuba, et il me répète systématiquement : « Mon plus grand rival européen a toujours été Alexis Vastine. » Le Cubain blanc. C'est vrai qu'il boxait plus avec la technique d'un Cubain qu'à la manière d'un Européen. Je me souviens d'un gala à Levallois-Perret, contre Machrouh, sous les yeux de Patrick Balkany. Quel combat ! C'était le plus beau de la soirée. Deux beaux boxeurs ensemble, ça crée des étincelles. Les coups de mon Alexis pleuvaient de toutes parts.

L'un de mes amis est entraîneur à Clichy, en région parisienne. C'est un gros club, plus de 600 adhérents. Les responsables ambitionnent de former un futur champion olympique. Récemment, mon ami m'a demandé des conseils, ma réponse a été simple : « Pars en stage à Cuba ! C'est l'école de la boxe. Il n'existe pas mieux. »

J'y ai emmené Enzo Marguerite, en stage d'entraînement. C'était dur. Une semaine de guerriers.

J'ai également emmené dans mes bagages Brice Bassole, un Burkinabé d'Elbeuf, dans le cadre de la préparation des Jeux olympiques de Paris 2024. Je l'ai accompagné dans sa course à la qualification pour les Jeux, mais il s'est blessé quelques jours avant le début du tournoi.

14

CONVERSATION D'OUTRE-TOMBE

Quand je fleuris la dernière demeure de Célie et d'Alexis, j'entame une conversation d'outre-tombe qui me permet d'exister. Je demande toujours à mes enfants s'ils vont bien. Parfois, quand je suis chamboulé par un tracas du quotidien, je les appelle à l'aide. C'est étrange, mais c'est ainsi. Je suis croyant, alors je leur parle.

Célie et Alexis sont enterrés à Pont-Audemer, dans le grand cimetière de Saint-Germain, paisible et sobre. La stèle d'Alexis, noire et majestueuse, avait été financée par l'un de ses sponsors.

Je me rends sur leur tombe plusieurs fois par semaine. Je nettoie, fleuris, je leur parle, prie et repars. Seul. Systématiquement.

Quelques mois après le décès de mes enfants, je suis allé chez une voyante, spécialisée dans la discussion avec les défunts. Cela a fonctionné, car à travers sa voix et son esprit, j'ai pu échanger avec mes enfants. La plupart de mes proches m'ont anéanti en répétant « ce sont des bêtises, tu te fais avoir, c'est du charlatanisme ». Ceux qui m'ont asséné ces vérités péremptoires m'ont fait beaucoup de mal. Face à mes arguments, les rabat-joie avaient toujours la réponse cinglante qui éteignait mon moral. Quand je leur expliquais tous les détails fournis par la voyante, ce qui prouvait bien qu'elle avait parlé à mes enfants, les amis chagrins s'envolaient dans un éclat de rire en me rappelant la centaine de reportages publiés sur la famille Vastine. Moi, j'y crois, alors laissez-moi y croire. Je ne fais de mal à personne en me rendant chez cette voyante. De grâce, cessez de déconstruire les maigres instants de réconfort que la vie m'accorde.

Comme toujours, j'étais seul chez cette voyante, car mon ex-femme n'y croyait pas non plus.

Cela ne m'a pas empêché de ressentir le plus grand des soulagements, quand l'experte en divination m'a confié : *ils vont bien, ils étaient là ce matin, j'ai pu leur parler*.

J'en ai profité pour avouer mes remords à ma fille. Je lui ai dit des mots jamais prononcés de son vivant.

— Célie, je te présente mes excuses pour la façon dont je t'ai éduquée. Je sais que j'ai été très dur avec toi, au sport, à la boxe. Pour qu'un enfant réussisse dans la vie, il faut être dur. Je ne t'ai pas fait de cadeau, ma fille. Je te demande pardon.

— Non, papa, tu n'as pas à t'excuser. C'est moi qui suis montée dans cette voiture. Si j'avais su, je t'aurais écouté, j'aurais persévéré dans la boxe et je n'en serais pas où je suis.

Célie m'a dédouané. Pardonné. Cela a beau passer par une voyante, cela m'a réconforté. Savoir que ma fille ne m'en veut pas enlève une partie du poids qui alourdit mon cœur. Ça m'a bouleversé.

La voyante m'a informé que Célie était montée tout en haut du ciel, au Royaume des Saints. Alexis, lui, est encore en bas, car il attend l'issue du procès. Il veut savoir comment son histoire se termine sur Terre. J'espère qu'il rejoindra vite sa petite sœur. À la mort d'Alexis, je m'étais précipité sur la tombe de ma fille pour la prévenir de son arrivée, et, surtout, pour lui demander de l'accueillir chaleureusement. Je ne sais pas à quoi ressemble le domaine du là-haut. Je le saurai un jour… Je sais que je serai enterré avec mes enfants, mais je souhaite ardemment que nos âmes se retrouvent à leur tour. Je serai jugé pour mes actes sur Terre. Par conséquent, j'essaye de bien me comporter. C'est aujourd'hui mon souhait le plus cher.

Pour Alexis, une question me brûlait les lèvres. Avait-il souffert durant son accident ? S'était-il rendu compte de la tragédie qu'il était en train de vivre ? « Non, papa, je n'ai rien vu », a-t-il répondu. Il est vrai que ses yeux étaient cachés d'un ruban, cela faisait partie du scénario de ce stupide jeu. « Cela a duré une seconde. *Boum-boum*, et j'étais dans l'autre monde, papa. Je me demandais ce qu'il m'arrivait. Je n'ai pas souffert, je te le promets. »

Célie non plus n'a pas souffert et n'a pas compris ce qui lui arrivait. En une seconde, elle est passée de l'ivresse à la mort, sans douleur.

Au cours d'une séance de divination, la voyante m'avait aussi prévenu : *vous allez gagner votre procès contre la société de production audiovisuelle, mais ce sera extrêmement long. Les coupables vont tenter de vous épuiser en rallongeant la procédure, mais si vous tenez bon, vous gagnerez.*

Cela fait quatre ans que je n'ai pas discuté avec mes enfants via la voyante. J'aimerais la revoir, mais j'hésite, car il paraît que cela trouble le repos des morts. Je ne veux pas déranger Célie et Alexis.

Je continue donc de leur parler au cimetière, une main sur le marbre froid de leur tombe.

À travers ce livre, je veux leur dire à quel point je les aime, et à quel point je les ai aimés malgré les silences ou les désaccords.

J'ai l'impression d'avoir toujours été là pour Alexis, mais de ne pas avoir été un bon père pour ma fille. J'ai été si dur avec elle. Mes regrets me grignotent le cœur tous les jours.

Célie, ma chérie, si je pouvais remonter le temps, tu ne le comprendrais pas, mais je sonnerais chez toi et je te prendrais dans mes bras. Je t'emmènerais en vacances. Tu aurais l'impression d'avoir hérité d'un nouveau père, surtout quand je te donnerais mon accord pour que tu arrêtes la boxe. Tout ce que je voudrais, c'est que tu sois heureuse comme tu ne l'as pas assez été.

Célie et Alexis, depuis que vous vous êtes envolés à deux mois d'intervalle, depuis que votre maman m'a laissé tomber, je me sens abandonné. Écœuré par la vie, la famille et la société.

Ma Célie, mon Alexis, je vous imagine au Paradis, et je vous souhaite le bonheur éternel. Je vous rejoindrai un jour. En attendant, je poursuis ma vie en Enfer… sur Terre.

REMERCIEMENTS

Un immense merci au monde du sport qui a toujours été présent pour mon fils, Alexis. À tous les champions, à tous les sportifs qui se sont dressés comme une famille à mes côtés.

Merci à Arnaud Romera pour sa touchante préface. Arnaud est un ami. Un vrai.

Merci à Frédéric Veille, pour tout ce qu'il a fait pour le souvenir de mes enfants.

Merci cent fois à Thibaut Geffrotin d'avoir mis des mots sur mon histoire.

Merci, enfin, à tous ceux qui m'aideront à faire perdurer la mémoire de Célie et Alexis. Mes enfants. Mes champions.

Retrouvez-nous sur les réseaux sociaux :

City Éditions

www.city-editions.com
@cityeditions
www.facebook.com/cityeditions/
@CityEditions
@cityeditions

Achevé d'imprimer en février 2025
sur les presses de la Nouvelle Imprimerie Laballery
58500 Clamecy
Numéro d'impression : 502006

Imprimé en France

La Nouvelle Imprimerie Laballery est titulaire de la marque Imprim'Vert®